世界の診療報酬

Medical Fee Systems in the World

加藤智章 編
Kato Tomoyuki

法律文化社

はしがき

　診療報酬を「公的仕組の下で医療を保障するためのお金の流れ」とする共通認識のもと，ここに『世界の診療報酬』を刊行することができました。

　序章にも述べられているように，医療保障の法制度は「医療サービスの提供に関する法制度（医療提供制度：デリバリー）」と「医療費用の調達・決済に関する法制度（医療財政制度：ファイナンス）」により構成されます。この医療保障を実現するため，デリバリーとファイナンスとを結びつけるジョイントあるいは潤滑油の役割を果たすのが診療報酬ということになります。

　デリバリーのシステムは，歴史的文化的な背景のもとで構築されるものです。ファイナンスシステムも古くから存在するものでありますが，医療保険制度や国民保健サービス（NHS）はデリバリーの領域と比べると比較的新しいシステムということになります。このような状況のなかで潤滑油の役割を果たす診療報酬のシステムは，各国の医療保障法制を検討するために見落としてはならない重要なシステムであると同時に，歴史的文化的な事情を色濃く反映するため非常に複雑な検討対象といえます。このような事情から，本書では検討対象を絞り込みフランス，ドイツ，イギリス，アメリカと日本の5カ国をとりあげて検討したものです。

　本書は，科学研究費基盤研究B「医療費抑制圧力下における診療報酬の適正配分のあり方に関する基礎的研究」（研究課題／領域番号24330014，研究期間2012～2015年度）の成果として刊行されたものです。2013年6月に刊行された『世界の医療保障』に続く2冊目の研究成果ということになります。先に述べた本書の性格から，研究グループ全員による執筆はかないませんでしたが，研究グループでの活発な議論がなければ本書の刊行はなしえませんでした。この意味で本書もまた研究グループ全員の力によるものです。先の基盤研究Bは新たなメンバーの参加を得て，科学研究費基盤研究A「持続可能な社会保障制度構築のための病院等施設サービス機能に関する総体的比較研究」（研究課題／領域番号

15H01920，研究期間2015〜2020年度）として，研究対象の拡大と深化を図っているところです。こちらについては，『世界の病院（仮称）』を研究成果として想定しています。このように，本書はいわば"世界の医療" 3 部作を念頭においた 2 冊目ということになります。

　3 部作として完結するかはともかく，出版事情の厳しいなか，『世界の医療保障』に引き続き，本書の企画から刊行まで我々を温かく支援して頂いた法律文化社および小西英央氏に対して，研究グループおよび執筆者を代表して深く感謝の意を表します。

加藤　智章

目　次

　　はしがき

序　章　**趣旨と構成** ──────────────────── 1
　　1　刊行の経緯　1
　　2　問題意識　2
　　3　診療報酬概念　3
　　4　医療保障における診療報酬の機能と限界　4
　　5　構　成　5

第1章　**フランス** ──────────────────── 8
　　1　医療保障体制の概要　8
　　2　診療報酬体系　17
　　3　医療行為共通分類（CCAM）の導入と収載過程　23
　　4　日本との比較検討　29

第2章　**ドイツ** ──────────────────── 34
　　1　医療提供体制の概要　34
　　2　契約医に対する診療報酬制度　37
　　3　病院に対する診療報酬制度　43
　　4　日本との比較検討　54

第3章　**イギリス** ──────────────────── 61
　　1　保険サービス方式の「診療報酬」　61
　　2　国民保健サービスとは　62
　　3　医療制度とNHSによるサービス提供　66

4　NHSと「診療報酬」　73

第4章　アメリカ ―――――――――――――― 87
　　1　メディケアの概要　87
　　2　メディケア・パートAにおける診療報酬　89
　　3　メディケア・パートBにおける診療報酬　95
　　4　メディケアにおける診療報酬の特色　100

第5章　日　　本 ―――――――――――――― 104
　　1　日本の医療制度の特徴　104
　　2　保険診療の仕組みと診療報酬　107
　　3　日本の診療報酬制度の沿革　110
　　4　医療費用の構造と点数表および支払方式　114
　　5　日本の診療報酬の特徴　118
　　6　診療報酬の決定過程と関係組織　120
　　7　診療報酬の機能と意義　123
　　8　診療報酬の限界と政策ミックス　125
　　9　2016年度の診療報酬改定　129
　　10　次期診療報酬改定の展望　133
　　11　診療報酬をめぐる法的課題　135

　　索　　引

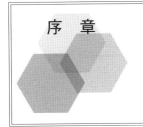

序　章

趣旨と構成

西田和弘

1　刊行の経緯

　本書は，加藤智章教授（北海道大学）を代表とする科学研究費基盤研究B「医療費抑制圧力下における診療報酬の適正配分のあり方に関する基礎的研究」（研究課題／領域番号24330014，研究期間2012～2015年度）の成果として刊行されたものである。

　当該研究においては，本書に先立ち2013年に法律文化社より，『世界の医療保障』を刊行している。同書では，日本，ドイツ，フランス，韓国，台湾，イギリス，オーストラリア，デンマーク，アメリカ，オランダの医療保障につき，基本的枠組，根拠法，適用対象，当事者関係，給付，診療報酬，財源構成，医療提供体制といった医療保障にかかる主要項目を網羅的に比較考察し，欧州連合（EU）域内の調整にも触れ，日本への示唆を得るという手法をとった。なお，中国，カナダ，シンガポールについてもコラムにおいて最近の動向を紹介している。その出版過程において，主要項目の１つとした診療報酬について，先進国共通の悩み，課題，新たな政策動向が浮き彫りになり，これを掘り下げて検討する必要があるとの認識に至った。そこで，日本社会保障法学会第66回大会（2014年10月）において，「診療報酬による医療保障の規律――国際比較と日本の対応」のシンポジウムを開催し，研究の途中成果の発表と以後の研究の方向性の確認を行った。

　本書は，その後の各国の医療保障に関する動きをフォローしたうえで，より精緻に，かつ，法学者以外の読者も想定して整理したものである。

現在，当該研究は，同じく加藤教授を代表者とし，新たな研究メンバーの参加を得て，科学研究費基盤研究Ａ「持続可能な社会保障制度構築のための病院等施設サービス機能に関する総体的比較研究」（研究課題／領域番号15H01920，研究期間2015〜2020年度）として，研究対象の拡大と深化を図っているところである。

2　問題意識

「医療保障」とは，極めてシンプルに表現すれば，「包括的医療を公的責任において提供すること」ということができる。

そして，医療保障の法制度は，「医療サービスの提供に関する法制度（医療提供制度：デリバリー）」と「医療費用の調達・決済に関する法制度（医療財政制度：ファイナンス）」により構成され，前者には担い手たる専門職の資格・業務・責任を規律する人的資源に関する法，および医療を提供する組織の設備・構造など物的資源に関わる法が含まれ，後者には医療保険法，公費負担医療法が含まれることになる。

日本は医療財政制度として社会保険方式を採っているが，現物給付およびその対価である診療報酬によって医療提供制度と医療財政制度は緊密に結合している。とりわけ，わが国の診療報酬は，保険給付の範囲を画する機能を有するほか，診療報酬の改定幅の決定によって医療費総額の制御が行われているとともに，診療報酬の個別点数・算定要件の設定により医療提供体制の政策誘導も行われているなど，医療保障政策上非常に重要な役割を果たしている。

医療保障制度は各国の固有性が反映されるため，診療報酬に限ってみても，その医療財政制度上の位置付けや医療提供政策における機能・意義等は異なる。

税方式を採用する国では，診療報酬は基本的には各医療サービス提供者への医療資源の配分基準として用いられている。なお，第５章で指摘されるように，「税方式の下では政府（国・自治体）が自ら医療サービスを直接提供しているため，医療提供制度と医療財政制度が基本的に一体化している」ので，「その意味では，税方式というよりも直接提供方式と呼ぶ方がその本質を的確に表

して(いる)」といえる。

　また，社会保険方式の国でも，たとえばフランスでは，償還払い方式がとられていることや診療報酬は保険医と患者の関係を直接拘束しないなど，日本とは大きな相違がある。

　しかし，今日，先進諸国は共通の悩みを抱えており，高齢化や医療の進歩により医療費が増高する一方，それを支えるには十分ではない経済成長のもとで，各国とも，医療の質，アクセスの公平，コストのバランスをいかにとるかという難題に直面している。日本では，新医療技術の導入等の伴う給付範囲の設定，診療報酬の決定過程の枠組み，医療提供体制に関する改革手法としての診療報酬の位置付けなどについて，これまでとは異なる議論がみられ，各国においても興味深い政策動向がみられるところである。

3　診療報酬概念

　字義通りにいえば，診療報酬とは，保険診療・自由診療を問わず，医師・医療機関の提供する診療に対して支払われる報酬ということができる(加藤智章(2012)「公的医療保険と診療報酬政策」日本社会保障法学会編『新・講座社会保障法1　これからの医療と年金』(法律文化社)，115頁)。もちろん，具体的な診療報酬の決定方法や手続きにおいて保険診療と自由診療とでは大きく異なる。

　日本の保険診療において診療報酬とは，狭義には，保険医療機関および保険薬局が保険医療サービスに対する対価として保険者から受け取る報酬を意味し，広義には保険医療機関等が患者から直接受領する一部負担金を含む概念となる。周知のとおり，診療報酬は，厚生労働大臣が中央社会保険医療協議会(中医協)の議論を踏まえ厚生労働大臣告示として定め，現在の診療報酬の内容は，技術・サービスの評価部分と物の価格評価(医薬品については薬価基準)により構成される。診療報酬点数表では，個々の技術，サービスを点数化して評価して告示に記載し，医科，歯科，調剤の3種類の点数表が定められている。

　しかしながら，本書で取り上げるイギリス，アメリカ，ドイツ，フランスなど諸外国を比較対象とする場合，このような日本的理解がそのまま通用するわ

けではない。典型的には，イギリスのような直接提供方式においては，サービス対価としての報酬というより，財源配分あるいはpaymentすなわち支払いといったほうが正確かもしれない。ただし，イギリスでも近年，医療提供者に対する報酬的要素が導入されていることが注目される。

本書における診療報酬概念は，日本の広義の診療報酬を念頭に置いたうえで，それと異なる意味合いをもつ国についてはその違いを明確にすることとした。わかりやすくいえば，「公的仕組みの下で医療を保障するためのお金の流れ」という共通認識に立っている。

4 医療保障における診療報酬の機能と限界

一般的に，診療報酬の設定方法には，①医療サービス単位ごとに保険償還価格が定められる「出来高払い」，②1日あたりで保険償還価格が定められる「一日定額払い」，③1症例につき一定額の診療報酬が設定される「診断群分類支払い方式」，④医療機関利用の有無を問わず一定期間健康管理を行うことへの対価として支払われる「人頭払い」，⑤医療費全体の上限を決める総額予算制度があるとされる。日本では，出来高払いを原則としつつ，2003年から診断群分類支払い方式であるDPCが導入され，近年その対象は急性期医療で顕著に増加している。また，在宅時医学総合管理料や特定施設入居時等医学総合管理料のように，一定の訪問回数を前提とする月単位での定額払いも入っている。

ただし，日本において診療報酬は，サービス対価としての性格にとどまらない。日本の診療報酬は医療保障に対し，次の3点の機能を果たしてきたといわれる。すなわち，①医療費のマクロ管理機能，②医療費のセクター間，つまり，医科・歯科・調剤間，病院・診療所間，および診療科間の配分調整機能，③医療提供の政策誘導機能である（第5章参照）。もちろん，その機能や役割は，切り口によってほかの類型化も可能である。日本のこれら3つの機能が諸外国でも同様に意識され，重視されているのか。そうでないとすれば，いかなる機能や役割を有し，あるいは期待されているのかを比較検討することも意義がある。

加えて，それらを記載する点数表は，保険診療の価格表であり，保険給付の

範囲・方法を画する基準ともなっているほか，患者は療養の給付に対して一定率の負担を原則とするため，診療報酬がどのように定められるかで自己負担に影響を及ぼすことになる。本書において，広義の診療報酬概念に立って，患者自己負担まで考察するのは，診療報酬のあり方如何が，単に医療財政の問題だけではなく，医療保障における給付と負担，すなわち患者の受給権の範囲と負担義務という法的問題につながるからである。

　今現在，医療保障の抱える課題は医療保険財政のみならず，保険者単位，法人制度，医療と介護の連携，混合診療など，金銭に密接に関連しつつそれにとどまらない課題を抱えている。このような医療保障の抱える課題に対し，先述のような役割・機能を診療報酬が果たすことで対応できる問題と，そうではなく他の手法を用いなければ，あるいは併用しなければ目的を達することができない問題がある。たとえば，病床機能報告制度（平成26年10月），地域医療構想の策定（平成27年度）など都道府県を主体とした計画手法，規制手法の導入は診療報酬による規律の限界を補完しうるのか否かである。

　これら医療保障の新たな課題は提供体制の改革に軸足が置かれているが，もしかすると提供体制に対して診療報酬ができることはすべてしてしまったのかもしれない。残りの部分について，無理に診療報酬による誘導を行おうとして大失敗を招いたのが7：1看護だともいわれる。また，そもそも日本の診療報酬は原価計算や費用対効果の発想がなく，医療財政制度のみならず医療提供制度上も適切ではないことが指摘されている。

5　構　　成

　医療提供制度と医療財政制度はしばしば「車の両輪」にたとえられる。日本の医療保障制度において，両輪をつなぐ車軸に相当するのが現物給付と診療報酬であり，診療報酬は診療の対価・保険給付の価格という単純なものではなく，医療提供体制や医療給付の内容・方法に密接に関わるものである。

　また，政策的に望ましい医療保障制度としての基本点数の増減や加算・減算は，被保険者の一部負担に結びつき，被保険者に選択の余地がないものも多く

ある。医療受給権や自己負担といった被保険者の権利義務に直接の影響を及ぼす診療報酬を，財源配分の視点だけでなく，法的・政策的視点から検討することには意義がある。

　そこで，本書各章は，各国の医療保障の仕組み，特に医療提供制度の構造分析と，診療報酬，特に報酬体系そのものや，その決定システムおよび決定を左右する法・政策・理念など諸要素について考察することを柱としている。必ずしも共通の節立てとはしていないが，これは日本の医療保障・診療報酬制度の枠組みで語ろうとするとどうしてもうまく説明できない特徴が各国にあるがゆえである。なお，第5章（日本）は，他の章とは異ならしめ，読者にとって共通理解があると思われる日本の医療保障の仕組みについては，診療報酬および医療提供体制とそれとの連関を理解するための必要最小限の記述としている。その分，診療報酬については，その歴史や構造，機能，次期改定の展望といった読者の関心事に，的確かつ理論的に応えるべく多くの紙幅を割いている。

　以下で各国（各章）の特徴的な点について紹介しておきたい。

　フランス（第1章）は，社会保険方式をとりつつも，日本と異なり外来は償還払いであり，また，日本の指定制度のような強い縛りのない関係の中で，ONDAMという新たな医療費のマクロ管理手法を導入するなど間接的に当事者関係を規律しようとする。外来診療については，療養の給付方式に変更する法案が現在審議されている。

　ドイツ（第2章）は，診療側支払側当事者の交渉による決定の枠組みや点数・単価方式を採用するなど，大枠としては日本と共通項があるが，医療費マクロ管理のアプローチ，病院診療報酬の意味合い，新しい医療技術への対応などの面では違いもみられる。

　イギリス（第3章）は，日本の診療報酬概念とは並列的に考え難い，税を原資とする予算配分型で，原則として患者の一部負担のないNHS方式である。ただし，イギリスでも近年，日本の診療報酬類似の仕組みが一部導入され，費用対効果の観点が強く打ち出されている。NICEやMonitorといった規制・監督機関の活動が給付範囲及ぼす影響が注目されている。

　アメリカ（第4章）は，2010年に医療制度改革法（Patient Protection and

Affordable Care Act) が成立したが，適切な給付内容を備えた民間保険への加入者の拡大等を通じて無保険者の解消を図るものであり，他の先進諸国においてみられるような国民の大半をカバーする統一的な医療保障制度の構築は予定していない。このため，高齢者を対象とした公的医療保障制度であるメディケアの診療報酬制度を検討対象としている。診療報酬額の決定において，サービスの「原価」に対する一定の配慮が行われている点は特徴的である。

　そして，日本（第5章）では，今日，診療報酬による経済的な政策誘導に関してはさまざまな論議があることから，診療報酬による政策誘導の意義・限界について詳述するとともに，他の政策手法との組合わせ（政策ミックス）について検討し，直近の診療報酬改定の要点および次期改定の見通しを示している。この章では，費用対効果や「原価」，診療報酬の法的課題に関する論述箇所にも注目してほしい。

　診療報酬に関する諸外国の仕組みや昨今の特徴的な政策動向を手掛かりに，診療報酬のあり方について，今後どのような選択を行うべきかを考えるうえで，本書がその一助となれば幸いである。

第1章 フランス

加藤智章

1 医療保障体制の概要

　日本，フランスともに医療へのフリーアクセスを尊重し，医業の自由や患者の意思選択の自由を標榜する点，また社会保険方式を基軸に医療保障を実現するという点で共通性が認められる。しかし医療サービスを現物給付と位置付けるものの，フランスでは外来診療と入院診療とでは患者の一部負担の支払方法が大きく異なる。また，開業医と病院の機能分化が明確であり，開業医も一般医と専門医という区分けにより診療報酬額の差別化がなされている。

　ここでは，医療供給体制と医療アクセスに関する財政的保障に大別して，その概要を検討する。医療供給体制については医療従事者と医療施設に分け，医療アクセスに関する財政的保障については保険給付，患者負担金などに焦点をあてて検討する。

医療従事者　医療従事者は，医療職，薬事職および医療関連職に分類される。

　医師が開業するには，資格，国籍および医師会への登録という3つの条件を満たさなければならない (Csp.L.4111-1)[1]。しかし必ずしもフランス国籍を求められるわけではなく，EU加盟国の国籍を有する者は，資格，医師会への登録を満たせばフランスで開業することができる。

　(1) 一般医・専門医，セクター1・セクター2，かかりつけ医　以下にみるように，研修期間の長短，診療報酬を決定する全国協約との関係から一般医・専門医，セクター1・セクター2という分類が可能であるほか，ゲートキー

パーとしての役割を担うかかりつけ医が存在する。

　大学医学部における6年教育のもとで養成される医師は，専門診療科や研修先の選定に用いられる全国クラス分け試験（Epreuves Classantes Nationales）により，一般医と専門医とに分別される。2005年以降，一般医も専門医の一種と位置付けられるが，具体的な専門診療科の違いは，標榜する専門医となるための研修期間および報酬額の違いとして現れる。

　開業医の行う診療は，全国協約がその報酬を定める。しかし，この全国協約にどのように拘束されるかに応じて，開業医は2つの類型に分かれる。セクター1は全国協約の定める報酬を遵守しなければならないが，セクター2は全国協約とは異なる料金を患者に請求することができる。このため患者にとって，どの類型の開業医に受診したかによって負担額が異なることになる。

　2015年1月1日現在で，一般医10万2485人，専門医11万9665人とする統計がある。[2] また，やや古い数字であるが，2010年時点で医師全体の3/4，一般医では9割，専門医ではおよそ6割がセクター1で，残りはセクター2であるとされる（GIP SPSI, "Le système de santé en France" による）。

　かかりつけ医制度は，患者に対して受診行動の方向性を適切に指示するため，16歳以上の被保険者および被扶養者が，医師との合意を前提として，所属する医療保険金庫にかかりつけ医を通知するシステムである。16歳未満の被扶養者の場合は，両親の一方あるいは親権者と医師との合意による。通知は，所定の用紙に，被保険者とかかりつけ医の住所，氏名，登録番号を記載し署名のうえ，被保険者等の所属する金庫に送付することによって行われる。

　かかりつけ医となる医師は，一般医・専門医，開業医・勤務医，セクターの別を問わず，被保険者等と同じ市町村に開業しているなどの地理的制約もない。複数の医師をかかりつけ医に指定することは認められていないが，かかりつけ医の変更はいつでも可能である。

　受診行動を合理化するという目的のために導入されたことから，かかりつけ医以外の医師の診療を受けたときには，患者負担が増額される。かかりつけ医を受診した場合の償還率は7割であるが，かかりつけ医ではない医師を受診したときには償還率は3割となる。ただし，緊急の場合や旅行先での受診，ある

いはかかりつけ医不在の場合には，増額措置は適用されない。また，婦人科，眼科および精神科については診療の性格から，あるいは5歳未満の児童がかかりつけ医以外の一般医を受診しても，一部負担金の増額措置はとられない。

　(2) 看護師等　　医療従事者は医療職，薬事職および医療関連職に分類される。医師のほか，歯科医師，助産師が医療職に，薬剤師と調剤士が薬事職に，看護師やマッサージ・運動療法士，作業療法士，足部療法士などが医療関連職に分類される。

　助産師が医療職に分類されている一方，保健師に相当する資格が公衆衛生法典には規定されていないこと，看護師については古くから開業が認められていることなどが特徴である。これら医療従事者のうち，歯科医，助産師，薬剤師，開業看護師，マッサージ・運動療法士などは，医師と同じように全国協約や地域圏協約によって報酬を決定する。

診療情報　開業医等による診療については，償還払いの迅速化とそれに伴う診療情報の伝達を主たる目的に電子送信システムが普及している。

　開業医などサービス提供者側には医療職カード（Carte Professionnel de Santé）が交付される。医師の場合，医師会に登録することにより医療職カードの交付を受ける。医療職カードとは別に，事務を担当する者のために医療施設カード（Carte Professionnel d'Etablissement）を請求することもできる。有効期間は3年で自動更新される。このほか医療保険制度の管理運営組織との間を結ぶインターネット回線が必要となる。

　これに対して，16歳以上の被保険者および被扶養者にはビタルカード（Carte Vitale）が交付される。このカードはいわば被保険者証の機能を有するものであり，個人を識別する登録番号，所属する医療保険制度，被保険者として届け出ている金庫などの情報がICチップに組み込まれている。なお，16歳未満の者については，両親のどちらかのビタルカードに一緒に登録されることになる。

　患者が開業医を受診した場合，診療所に備え付けられている端末に，医療職カードとビタルカードを挿入し，必要な情報を入力することによって，患者の受診の事実やその内容が保険者に伝送される。このような電子送信システム

は，償還手続の簡素化・迅速化を実現するばかりでなく，後に検討する診療行為共通分類など診療情報の規格化によって，提供される医療行為の内容等に関する情報が保険者に集約されることを意味する。

医療施設
(établissements de santé)
医療を提供する施設には，外来診療を担当する開業医の診療所 (cabinet) と入院診療を担当する病院施設とがある。
　開業医の診療所は非常に簡素でベッドと身長計・体重計などがあるだけで，日本の診療所と比較すると極めて軽装備である。他方，入院診療を担当する病院施設は，設立主体により公立病院と民間病院とに大別され，民間病院はさらにその目的から非営利病院と営利病院とに分かれる。民間営利病院は施設総数の約4割 (1030施設) を占めるが病床数では24%弱にとどまる。これに対して，931施設 (35%) である公立病院の病床数は25万8158床で全体の62.2%を占める (Le panorama des établissements de santé, 2014, p83.)。

(1) 病院公役務から公役務的任務へ　サルコジ大統領が選挙公約を実現するべく2007年に公立病院改革に着手した結果，2009年7月21日に成立したのが「病院改革と患者，保健医療および地域に関する」法律 (以下これをHPST法という) である。

　HPST法は，それまでの病院公役務概念を見直し，医療施設に対して14項目にわたる公役務的任務 (missions de service public) の全部または一部を行うよう求めることができる旨の規定を設けた (Csp.L.6112-1)。14項目の任務とは，医療提供の24時間体制，緩和医療の実施，大学教育および卒後教育，研究，公衆衛生活動など多岐にわたる。

(2) 医療施設の分類　病院公役務概念の見直しに伴い，医療施設は公的医療施設，私的医療施設および集団利益型私的医療施設 (Etablissement de Sante Privé d'Interet Collectif) に再編された。

　公的医療施設は，管理運営および財政的に自律している公法人であるが，国家の監督を受ける。従来は，病院センター，地域圏病院センターおよび地方病院に分類されていたが，HPST法により，すべて病院センターと位置付けられ，先に示した14項目にわたる任務を遂行する。私的医療施設は私法人により管理運営される施設で，営利私的医療施設と非営利私的医療施設とに分類でき

る。前者は株式会社ないし有限会社形態で設立されるのに対して，後者は社団法人，財団法人，宗教団体，相互扶助組織あるいは社会保障組織が設立する。いずれの施設にあっても公役務的任務の1ないし複数の任務を担当する。集団利益型私的医療施設はHPST法により新たに創設された施設類型である。そのほとんどが，病院公役務の時代に病院公役務に参加していた非営利私的医療施設であり，地域圏保健庁に届け出ることにより集団利益型私的医療施設となる（Csp.L.6161-5）。

(3) 公役務的任務を遂行する施設　医療施設は14項目の1または複数の公役務的任務を行うよう求められる（Csp.L.6112-1）。これら医療施設は医療センター・保健の家なども含めて地域圏医療組織計画に基づき必要とされる公役務的任務を行い，またその確保に協力することを求められる（Csp.L.6112-2）。

公役務的任務は，当該医療施設等と地域圏保健庁との間で締結される"目標と手段に関する複数年契約（Contrat Pluriannuel d'Objectifs et de Moyens）"によって具体化される。また地域圏保健庁は，必要に応じて当該地域圏における公役務的任務の不足や欠缺を補うため，一定の任務を医療施設に命ずることができる。

公役務的任務として患者を受け入れる医療施設は，①良質な医療への平等なアクセスの保障，②いつでも患者を受け入れ，必要に応じて他の施設等を紹介すること，③社会保障法典に定める診療報酬料金表の遵守を保障しなければならない（Csp.L.6112-3）。

地域圏保健庁（ARS）　HPST法は，保健医療システムを簡素化し，多様な権限と責任を全国13（海外に4）の地域圏に集約することを企図して，既存の地域圏病院庁などを統合して，行政的性格を有する国の公施法人である地域圏保健庁を設けた。

地域圏保健庁の任務の1つは，保険利用領域に関する監督・安全確保，感染症などの監視やヘルスプロモーションなどである。いま1つは，医療供給体制に対する規整であり，全国医療保険支出目標（以下，ONDAMと略す）による財政制約のもとで，医療システムの効率性を確保することが求められる。

このような医療供給体制，公衆衛生あるいは要介護者や障害者に対する社会

医療など，広い範囲に及ぶ政策の一貫性を確保するとともに，政策目標や政策の方向性を明らかにし，目標の達成を図るため，地域圏保健庁全国運営委員会が設けられている。運営委員会は，各地域圏保健庁に配分されるＴ２Ａ（Tarification à l'Activité）に係る金額を決定するほか，運営委員会の定めた政策目標や政策方針を実現するための地域圏介入基金（FIR）の配分を決定する。

　運営委員会は，公衆衛生担当大臣と労働，社会関係等担当大臣とが共同で主宰する委員会で，政府の関係省庁の局長クラス，一般制度，自営業者社会制度および農業制度における全国金庫の各事務総長，全国自律連帯金庫（CNSA）の事務局長から構成される。当該運営委員会は，外来部門，病院部門および社会医療部門に対する包括的な規制権限を行使し，地域圏保健医療計画などを作成するとともに，目標と手段に関する複数年契約を通じて医療施設に対する監督を行う。

医療施設活動情報計画（PMSI）　公役務的任務を遂行する施設を含めたすべての医療施設は，地域圏医療計画の作成・見直し，配分財源の決定，医療の質に関する評価などの基礎資料とするため，当該施設の活動内容や診療活動など各種データを地域圏保健庁，政府ならびに医療保険組織に提供しなければならない（Csp.L.6113-8）。これらの情報収集は医療施設活動情報計画（Programme de Médicalisation des Systèmes d'Information：PMSI）に基づく活動であり，1983年から試行され1996年からすべての医療施設を対象として実施されてきたものである。これらの情報を通して，後に検討する診断群分類の改定や包括支払料金が決定される。

医療アクセスの財政的保障　医療アクセスの財政的保障という観点からみた場合，フランスには医療保険，補足医療給付および普遍的医療給付というシステムが存在する。

　医療保障の根幹となるのが医療保険であり，社会保障法典に基づく資格に応じて個別制度に加入する。補足医療給付は，共済組合や相互扶助組織などに任意で加入して法定給付ではカバーされない一部負担金に関する上乗せ給付などを支給する。普遍的医療給付は，何らかの事情のため医療保険制度に加入していない者や，低所得のため一部負担金を払うことのできない被保険者などを対

象に，いわば医療費の無料化を実現する制度である。また，介護保険制度は存在せず，介護手当制度が各県ごとに運営実施されている。

|医療保険制度| フランスの医療保険制度は，民間企業の労働者を中心に国民の80％ほどを対象とする一般制度，それぞれ国民の7ないし8％に相当する自営業者・自由業者を組織する自営業者社会制度，農業従事者を対象とする農業制度が存在するほか，規模の小さな公務員など複数の職域保険が存在する。しかし，国民健康保険制度のような地域住民という資格に着目した地域保険や後期高齢者医療制度のような高齢者を対象とする医療保険制度は存在しない。また，介護保険制度は存在せず，介護手当制度が運営されている。

　一般制度の場合，県単位に初級医療保険金庫が設けられ，被保険者の登録や医療保険の給付業務を担当する。年金や労災に関する業務は複数の県にまたがる地域圏単位で退職保険および労働衛生金庫が担当し，これらの下級組織を統括するのが全国金庫である。

|保　険　給　付| 社会保障法典では，医療保険のほかに出産保険が章立てされている。

　医療保険によって提供される給付は，傷病に対して行われる医療および薬剤の給付（医療給付）と，傷病のため就労不能となった期間に支給される金銭給付からなる。金銭給付には，わが国の傷病手当金に相当する日額手当金と出産手当金がある。分娩等に関する費用は，医療保険とは別に章立てされている出産保険から全額支給される（Css.L.331-1）。

　(1) 医療給付　医療給付として提供されるのは，一般医療および専門医療の費用，歯科治療および補綴の費用，薬剤および装具の費用，臨床医学検査の費用，入院費用および医療施設・リハビリテーション施設での処置費用，薬剤・医療材料・避妊具を含む必要な外科的処置の費用，避妊薬の処方のための臨床医学検査費用などである（Css.L.160-8）。このほか，障害施設における障害児（者）の宿泊や処遇のための費用，医学的理由による人工妊娠中絶の処置・入院費用，あるいは口腔・歯科予防のための費用などが含まれており，日本と比較すると広範囲に詳しく規定されている。

(2) 費用負担の方法　　フランスでは外来診療と入院診療とで費用負担の方法が異なる。外来診療の場合には，その診療に要した費用すべてを全額医師に支払った後，医療保険の対象となる部分が保険者から被保険者に払い戻される償還払い方式を採用している。これに対して，入院診療の場合には，日本の療養給付と同じように，被保険者は入院施設に一部負担金を支払うのみで足り，その余を保険者が支払う方式（以下，これを療養の給付方式という）を採用している。すなわち被保険者およびその被扶養者は，権限ある行政庁によって定められた料金に基づき公的医療施設に入院することができる（Css.L.162-20）。

患者負担　　わが国では"療養の給付"方式を採用しているから，患者負担といえば，医療機関に支払う一部負担金が主たるものである。これに対して，フランスでは一部負担金以外にも，定額負担金など多様な患者負担が存在する。

(1) 一部負担金あるいは給付率（償還率）　　先に述べたように，外来診療は償還払い方式を，入院診療は療養給付方式を採用しており，外来診療の償還率は7割，入院診療の給付率は8割である。したがって，患者が負担する一部負担金は，外来診療に要した費用の3割，入院診療では2割相当額ということになる。この給付率（償還率）に被保険者と被扶養者との差はない。

一部負担金は，被保険者の状況や疾病の性格などにより，減額免除の対象となる。障害年金の受給者，労働災害による年金受給者，出産に引き続く30日間までの新生児の入院については，一部負担金が免除される。また，長期かつ高額な治療を必要とする特定長期疾病（結核，ハンセン病，精神病，重度の先天性小児麻痺，悪性腫瘍，小児糖尿病など32疾病）については，患者の費用負担が全額免除される。

(2) 受診時定額負担金・免責負担など　　受診時定額負担金は，外来診療において診察を受ける都度，1日あたり1ユーロおよび1医療従事職あたり1ユーロの負担するが，年50ユーロを限度とする（Css.L.160-13）。

医療保険の財政均衡を実現するため，2007年12月19日法に基づき保険者の支給義務を免責するという趣旨の免責負担が制定された。薬剤定額負担金，パラメディカル受診時定額負担金および移送時定額負担金である（Css.L.160-13）。

薬剤の1パッケージあるいはパラメディカルの1診療行為あたり0.5ユーロ，移送1回あたり2ユーロとされる。受診時定額負担金と同じように，年50ユーロを上限とし，パラメディカルの診療行為は1日あたり2ユーロ，移送は1日あたり4ユーロを限度とする。

　これら受診時定額負担金や免責負担金は，具体的には，償還払い方式のもとで，被保険者に払い戻されるべき額から徴収される。しかし，妊婦，18歳未満の者，普遍的医療給付受給者は，これらの負担金を免れるほか，入院時に提供される薬剤や診療行為あるいは救急医療に関する領域に関しては，これら定額負担金の適用はない。

(3)　入院時定額負担金　　24時間を超えて医療施設に滞在した患者は，ホテルコストとして入院1日につき18ユーロ（精神科の場合には13.5ユーロ）の入院時定額負担金を支払わなければならない (Css.L.174-4)。しかし，産前4カ月および産後12日間の妊産婦あるいは出生後30日以降の新生児の入院，労働災害または職業病による入院，在宅入院の場合などについては，入院時定額負担金の負担はない。この入院時定額負担金は補足医療給付の給付対象となる。

(4)　薬剤に関する一部負担　　薬剤の償還率は，薬効や薬価に応じて5段階（100, 65, 30, 15, 0％）に分かれている。基本的な薬剤の償還率は，65％である。しかし，他に代替的な効能をもつものがなく，しかも極めて高価な薬剤で，高額薬剤リストに収載された品目については費用の100％が償還される。逆に，精神安定剤あるいは軽度の疾病の治療に使用される薬剤はその費用の30％しか償還されないが，医療費100％償還の適用を受ける特定長期疾病にかかった者の場合には，これらの薬剤についても100％償還とする措置がとられている。

　また，後発医薬品（ジェネリック）については，医師が「代替不可」と記載しない限り，薬局の薬剤師が後発医薬品を調剤することができる。さらに，後発医薬品の使用が進まない分野の医薬品については，責任包括料金 (Tarif Forfaitaire de Responsabilité) が採用されている。責任包括料金の対象となると，当該分野に該当するどの医薬品を調剤しても，その分野で最も低い医薬品の価格までしか償還の対象とされないとともに，療養の給付方式が適用されなくなる。このことは被保険者にとって，自己負担額が高くなると同時に，償還手続が必要と

なることを意味する。

| 財　源 | 以上のような医療保障のための財源は，保険料と目的税によって賄われる。

　医療保険の保険料は，出産，障害，死亡を含めた社会保険の短期給付部門全体の保険料として徴収される。その額は被保険者の賃金月額に保険料率を乗じて算出される。保険料率は13.85％であり，このうち0.75％を被保険者が，13.10％を雇主が負担する。被保険者が負担する0.75％は，日額手当金のための財源に充てられる。

　目的税は，1991年2月から課税されている一般社会拠出金である。賃金などの稼働所得ばかりでなく，老齢年金などの代替所得，資産所得，投資益あるいは賭博益などに課税される。稼働所得への賦課率は，当初1.1％であったが，漸次引き上げられ1998年以降7.5％であり，2015年には総額947億1200万ユーロが各部門に充当されている。医療部門に多く充当されているのは，普遍的医療給付の財源とされているためである。

　2016年度社会保障財政法律では，一般制度における医療部門の収入総額は1717億ユーロであり，そのうち保険料が792億ユーロ（46％弱），一般社会拠出金596億ユーロ（約35％）という構成になっている。[3)]

2　診療報酬体系

　わが国におけるDPC方式と出来高払い方式との棲み分け同様，フランスにおいても外来診療と入院診療とでは，診療報酬の算定方法が異なる。外来診療を担当する開業医の診療報酬は全国協約に基づき算定されるのに対して，入院診療は包括払い方式が採用されている。このこととも密接に関連して，長年にわたり，外来診療と入院診療とでは同じ診療行為であっても，それを表記する仕方が異なっていた。しかし，ONDAMを制定し，医療費の抑制を図る側面から外来診療と入院診療とに関する診療情報を共通化する必要から，両者の医療行為を統一して表記する医療行為共通分類（Classification Commune des Actes Médicaux：CCAM）が作成された。

ここでは，外来診療における全国協約と医療施設における包括払い方式が検討の中心となる。これらを検討する前提として，全国協約の締結や医療行為共通分類の収載に重要な役割を果たす全国医療保険金庫連合と高等保健機構をまず取り上げる。わが国における診療報酬改定作業に相当する医療行為共通分類の収載過程については，新たな項目を起こして論じることとする。

全国医療保険金庫連合と高等保健機構

　一般制度，自営業者社会制度および農業制度は，制度運営に関する意思決定機関である全国金庫を設けているが，2004年8月13日法はこれら全国金庫の連合体として，全国医療保険金庫連合 (Union Nationale des caisses d'Assurance Maladie：UNCAM) を創設した。この金庫連合は，医療保険の対象となる診療行為等のリスト収載に関する決定，開業医の診療報酬に関する全国協約の交渉締結など，医療保険制度の運用において重要な権限を有することとなった。

　また2004年8月13日法は，医療に関する技術評価を行う科学的性格を有する独立行政法人として高等保健機構 (Haute Autorité de Santé：HAS) を設立した。同機構は，医療の質を担保し安全性の向上を目的とし，医薬品，医療機器および医療技術について，医療保険の給付対象とするか否かの判断および価格決定に関するアドバイスを行う。また，医療専門職に対する臨床や患者の安全に関するガイドラインの作成や，医療施設および医療専門職の認証なども行っている。

　以上のような任務を遂行するため，医薬品に関する透明性委員会のほか，医療機器・医療技術評価委員会，あるいは価格決定のアドバイスに関する経済評価公衆衛生委員会など，いくつかの委員会を設けられている。

外来診療に関する枠組協定・全国協約 (convention nationale)

　全国協約の出発点は，全国医療保険金庫連合 (UNCAM) と全国医療職連合 (Union Nationale des Professionnels de Santé) との間で締結される枠組協定 (accord-cadre) である (Css. L.162-1-13)。これは，各全国協約に共通する通則を定めるものである。

　この枠組協定に基づいて，医師，歯科医師，助産師あるいは開業看護師，マッサージ・運動療法士などが全国医療保険金庫連合との間で全国協約を締結す

る。これらの協約は，全国医療保険金庫連合と当該医療職における最も代表的な組合組織との間で締結される。ここで最も代表的な組合組織とは，全国レベルでの代表的な組合組織であること，すなわち，独立性を保持していること，組合資格を取得して2年以上経過していること，一定の組合員数・支持率（audience）を得ていることを条件に保健・社会保障担当大臣から承認されることが必要である（Css.L.162-33）。

締結された協約は，保健・社会保障担当大臣により承認されなければならず（Css.L.162-15），その有効期間は5年である（Css.L.162-14-1）。こうして承認された医療協約は，医療保険に関する地方圏および県レベルの組織，医療保険の被保険者および被扶養者，当該医療職従事者すべてに適用される。

開業医に関する2011年7月26日の全国協約　現在，開業医に適用されている全国協約は，全国医療保険金庫連合とフランス医師組合同盟（CSMF）など4つの医師組合との間で2011年7月26日に締結され，同年9月22日のアレテにより承認された（以下，これを2011年協約という）。条文上，開業医に関する全国協約は，一般医と専門医とでそれぞれ別に締結する（Css.L.162-5）とされているが，2011年協約は一般医・専門医の双方に適用されており，協約本体に加え，11の付属文書（avenants）が定められている。

全国協約は，診療行為に関する料金報酬だけでなく，料金超過権を行使するための条件を定めるほか，診療活動や処方に関する規定を制定する。これに加えて，医療職に課せられる義務を定め，協約規定に違反した場合の制裁規定を設ける。さらに，卒後研修あるいは生涯教育に関する方針を決定し，その財源を確保する。

（1）医療協約と開業医の関係　　開業医は，セクターの別を問わず，開業場所を管轄する初級疾病金庫に文書で通知しなければならず，通知が初級金庫に到達した日から協約加入（adhésion）の効力が発生する。現行協約の有効期間は5年とされており（現行協約65条），加入の有効期間も最大5年となる。そして，特に異議を申し立てない限り黙示の更新とみなされる。

一般医と専門医の違いはセクターの区分とは連動しない。しかし，セクター1に関する医療保険，家族手当および老齢補足給付にかかる保険料は，金庫が

これを負担する。またセクター2として活動するためには、大学病院における診療科長の経歴など一定の資格・経験が求められる。初級金庫がこれらの経歴や資格の有無を確認してセクター2と認められると、協約の有効期間内に料金超過権を行使することができる。

　(2)　報酬料金・料金超過権　　現行の全国協約は、セクター1の開業医が行う診察については、一般医・専門医を問わず、一律に23ユーロとされている。このほか、患者の健康管理等に関する関与を奨励するための報奨金による加算システムが存在する。専門医の場合には、一般医に比べて、一定の条件を満たしたときに請求できる加算料金が高額に設定されている（後掲URL参照）。

　セクター1の医師が協約料金に拘束されるのに対して、セクター2の医師は、協約料金に拘束されることなく、医療アクセスを阻害しない範囲の料金を患者に請求できる。このように、全国協約で定める料金以上の額を請求できる権利を料金超過権（Dépassement）という。具体的な金額は医師と患者との間で決定することができる。しかし、普遍的医療給付受給者には超過料金を請求することはできない。

　このように外来診療の場合、受診した開業医がセクター1かセクター2かにより負担額が異なることになる。セクター1の診察料金は23ユーロであるから、この金額を支払った患者には、後にその7割に相当する15.10ユーロが医療保険の保険者から払い戻されることになる。これに対して、セクター2の診察にたとえば30ユーロ支払った患者には、保険者から15.10ユーロ払い戻されるだけなので、実際の負担額は14.90ユーロということになる。

　このほか、時間や診療場所に関する患者の要請に対する料金超過権が存在する。これについては、セクター1もその行使が認められる。

　(3)　制裁措置　　全国協約により定められた料金以上の報酬請求、全国協約や法令で定める給付対象リストからの逸脱、記入すべき報酬額の未記入あるいは普遍的医療給付受給者に対する報酬の前払請求など全国協約で定める事項をたびたび遵守しない場合には、一定の制裁措置を発動することができる。

　制裁措置には、全国協約に基づく診療行為や料金超過権の行使に対する制限、当該医師に関する社会保険料負担の停止などがあり、制裁の期間は短いも

ので1カ月未満から最長は全国協約の有効期間まで，違反行為の程度に応じて，制裁が科される（Css.L.162-1-14, L.162-15-1）。処分を受けた医師は，処分期間の長短に応じて，地域圏同数委員会ないし全国同数委員会にその取消を求めることができる。

　(4)　2011年協約の特徴　2011年協約は，それまでの協約同様，かかりつけ医やその紹介により第2次医療を提供する連携医の役割を強化する一方，生活習慣病の改善やアルツハイマー病，糖尿病あるいは慢性腎不全対策などに取り組み，以下の3点を柱とする。①医療アクセスの確保，②医療の質をより高める，③診療提供体制の現代化・簡素化である。これら3点は相互に密接に関連する。とくに，保健システム報奨金（Rémunération sur Objectifs de Santé Publique：ROSP）制度により，開業医のキャビネットのIT化やかかりつけ医が担当する患者個人の健康管理や健康情報の集約化を企図している。

　2011年協約は今年，改訂時期を迎えている。しかし，療養の給付方式の拡大を目指す法案の帰趨とも関連して，締結交渉は難航することが予想される。

医療施設に関する診療報酬：T2A　病院公役務の時代，病院公役務に参加していた病院には1年間の予算をまとめて配分するという総枠予算方式が，病院公役務に参加しない民間営利病院には出来高払い的な性格の強い全国目標量方式が採用されていた。このため公立病院と民間病院との格差，あるいは地域間の格差を生じるという批判に応えるため，施設類型に応じた財源方式の統合を目指し，2004年度社会保障財政法律が1入院あたり包括評価方式（以下，この方式をT2Aと表記する）の段階的な導入を決定した。[4]

　T2Aはすべての医療施設での入院および入院に準ずる在宅入院などに適用される。医療施設については公的・私的施設を問わない。そしてこれら施設における医科・歯科・産科に関するすべての診療活動に適用される。

　T2Aは，2つの領域から構成される。1つは診療活動に対する報酬であり，いま1つは公役務的任務ないし地域圏保健庁との契約に基づき行われる事業に対する"公益・契約事業促進交付金（Missions d'Intérêt Général et d'Aide à la Contractualisation：MIGAC）"である。このような2つの大分類はONDAMにも対応しており，2014年におけるT2A全体の支払総額は548億1500万ユーロで

あり，このうち471億4400万ユーロが診療活動報酬，76億8100万ユーロが公益・契約事業促進交付金に割り当てられた。

診療活動に対する報酬

医療施設で提供されるサービスの報酬は，3つの類型に細分化される。入院という施設への滞在に着目して設定される報酬，提供されたサービスに着目する報酬および高額の医薬品や医療材料という類型である。

これら3類型のうち最も大きな額を占めるのが滞在を単位とする料金（tarifs par séjour）である。この料金を決定する前提として，医療施設活動情報計画に基づきフランス版DRGである診断群分類（GHM）が作成される。2014年にはおよそ2300の診断群が設けられている。この診断群分類をベースに，透析や緩和治療などに関する修正，さらにはリハビリテーションや精神科治療に関する対応も加えて，施設滞在型診断群分類（GMS）を策定する。公衆衛生担当大臣は，代表的な医療施設団体との協議を経て，施設滞在型診断群分類の価格を毎年決定する。

この診断群分類は入院患者の病態に応じて報酬を包括的に定めることになるから，わが国のDPC同様，施設にとっては早期退院に導くことがインセンティブの1つとして機能することになる。

第2の類型が提供されたサービスを単位とする報酬（tarifs par prestation）である。公的医療施設における診察（consultations）や外科手術（soins externes），救急診療や臓器移植あるいは在宅入院の費用は包括評価方式に含まれない。このうち診察や外科手術については，医療行為共通分類（CCAM）に基づく報酬料金が，出来高払いにより算定される。救急医療や臓器移植については年間受け入れ件数等に応じた資金提供が行われる。

医療施設に入院しているときに処方される薬剤については，基本的には包括評価方式の中で支給される。これら包括化される医薬品については医療施設と製薬企業との交渉による自由価格である。しかし，第3の類型に相当する抗がん剤や免疫グロブリン製剤など高額な薬剤や移植に関連する高額の医療材料については，別にリストで定めたうえで，医療施設が当該薬剤の購入した価格と同額が医療保険者から支払われる方式が採用されている。

| 公益・契約事業促進交付金 | たとえば大学病院では診療だけではなく，研究・教育活動も行われている。このように，公役務的任務として研究・教育，公衆衛生活動あるいは緊急医療援助等を行っている施設に，その費用として配分されるのが公益・契約事業促進交付金である（Css.L.162-22-13）。毎年制定される社会保障財政法律で定められるONDAMを前提に，公衆衛生担当大臣が代表的な医療施設団体と協議のうえ，地域圏に対する交付金額と公益的活動に充当される金額および各施設への配分基準などを定める。個別の施設には，年間支給額を12等分して，毎月支給される。

| 報酬請求に関するコントロール | 記入コードの誤りや架空請求など報酬の請求に関する諸規定に違反した場合，従来，過払い金（indu）の徴収が認められてきた（Css.L.133-4）。この規定に加え，2010年から，規定違反の状態に応じて，当該施設の前年度末における医療保険収入の5％を上限とする財政的な制裁を科すことができる（Csp.L.6114-1, Css.L.162-22-18）。さらに，地域圏医療組織計画に基づき各施設の具体的な医療活動の内容や目標を5年単位で定める"目標と手段に関する複数年契約"が，地域圏保健庁事務局長と医療施設との間で締結される。この契約に関して重大な違反があるときには，地域圏保健庁の事務局長はこの契約を解除することができる（Csp.L.6114-1）。このように，地域圏保健庁は医療施設に対するT2Aおよび公益・契約事業促進交付金の配分，目標と手段に関する複数年契約を通して，医療施設に対して強力な監督権限を有している。

3　医療行為共通分類（CCAM）の導入と収載過程

医療従事者の行う診療行為等が医療保険の給付対象となるためには，社会保障法典の定める行為・給付リスト（Liste des actes et des prestations）に収載されていなければならない（Css.L.162-1-7）。ここにいう行為・給付リストには，医療行為共通分類（CCAM），診療行為一覧表（Nomenclature Générale des Actes Professionnels：NGAP）および血液学的検査や生化学的検査などに関する医学的検体検査行為一覧表（Nomenclature des Actes de Biologie Médeicale：NABM）があ

る。ここでは医療行為共通分類と診療行為一覧表を中心に検討する。

診療行為一覧表と医療行為カタログ（CdAM）　わが国の診療報酬体系からは想像がつきにくいが，フランスではながらく外来診療と入院診療との間に情報の共有という概念が存在しなかった。それは，外来と入院とで報酬の決定方法が異なっていたからであり，このため外来診療については診療行為一覧表によって，入院診療では医療行為カタログ（Catalogue des Actes Médicaux：CdAM）により診療行為の記述されることとなった。

　開業医に適用される診療行為一覧表はすべての診療行為をアルファベットと数字の組み合わせで表現する。一般医の診察（C），専門医の診察（Cs），一般医の往診（V），手術・麻酔（KC）というように，アルファベットは医師の行う診療行為をキーワードで示すものであり，数字は診療行為の単位を表す。たとえば虫垂手術はKC50と記載される。開業医の診療報酬を定める全国協約は，具体的には，医療行為別の点数と1点単価を交渉し決定することになる。なお，病院公役務に参加しない民間営利病院における医師の医療行為は診療行為一覧表によって記載され，報酬の請求に用いられていた。

　医療行為共通分類が導入された後も，抗がん剤治療，外来でのメンタルヘルス診療，医師と医療関連職に共通の行為などについては，診療行為一覧表が適用されている。

　医療行為カタログは入院診療における診療活動を明らかにするとともに，そこで用いられた人的物的資源を計測するためのものである。医療施設活動情報計画に基づいて提供された情報に基づき診断・治療，麻酔，断層画像，放射線および蘇生術という5類型が設定され，4つの文字と3桁の数字によって提供された行為を示すシステムであった。

　このように診療行為一覧表では，一覧表における診療行為の分類が一貫性を欠くとともに，点数評価も診療科間に格差が存在するという問題が指摘されていた。さらに，患者から金庫に送付される請求書（feuille de soins）にはたとえばKC50としか記載されていないために，診察・治療を担当した医師，診断名，具体的に提供された診療内容を特定できないという問題を抱えていた。他方，医療行為カタログはあくまでも診療活動の内容を示す記述であり，医療施設の

コスト構造を明らかにするものであった。このため，地域圏病院庁と個別の医療施設との間で予算を配分するための基礎資料として利用され，報酬の支払いを目的とするものではなかった。

医療行為共通分類　(1) 導入の目的　以上のように，外来診療と入院診療はともに医療保険の対象であるにもかかわらず，具体的に提供される医療行為の記述の仕方が異なっていた。また，開業医に適用される診療行為一覧表は診療報酬の支払いとリンクしているのに対して，入院診療に適用される医療行為カタログは報酬の支払いとは関係しないものであった。かくして，外来・入院を問わず，すべての医療行為を統一した記述で示すために導入されたのが，医療行為共通分類である。

試行作業は2000年から開始されたが，2005年3月から本格的に導入された。ただし，当面は医師の行う技術的行為 (actes techniques) に限定されており，抗がん剤治療，外来でのメンタルヘルス診療などは先に述べたとおり，診療行為一覧表で処理される。

(2) 医療行為共通分類の表記方法　医療行為共通分類は，アルファベットと数字によって表記される。

医療行為は7桁で示されるが，それは，行為，臓器，経路 (手段)，追加行為，番号からなる。追加行為まではアルファベットで示され，最後の番号は3桁の数字で示され，医療行為を特定するために用いられる。次に3つの欄があるが，第1の欄は，行為の記述欄で，当該医療行為を誰が行ったかを示す。第2の欄は，C，CSあるいはV，VSなどと記載された欄であるが，現在はとくに記載を求められていない。将来的な必要性に備えているものと考えられる。第3の欄は最大限4つのコードを用いて修正を加えるほか，例外的な払い戻しに関するコードを2つ記載することとなっている。

次に，報酬額の記述する6桁の欄があり，これに加えて超過額と報酬の追加に関する欄が設けられている。これらの欄には，小児や救急，休日診療などの加算すべき要素，償還対象の有無，あるいは開業医と病院など医療施設の区別などが，それぞれあらかじめ定められた数字ないしアルファベットによって記載される。

| 医療行為共通分類の収載過程 | 新しい医療技術や診療行為を医療行為共通分類に収載し，医療保険が適用されるまでには，①収載申請，②医学的評価，③科学的技術的評価，④医療経済評価および価格付け，⑤情報提供・協議，⑥収載，⑦承認，⑧告示という8つの過程を経る。これら収載過程において重要な役割を果たすのは，高等保健機構 (HAS) と全国医療保険金庫連合である。

(1) 収載申請・医学的評価　収載過程の出発点は，関係学会あるいは関係当事者さらには全国医療保険金庫連合から高等保健機構への収載申請である。これらの申請を受けて，高等保健機構では医学的評価を行う。第2段階にあたるこの過程ではまず申請受理の可否を判断した後，科学的データの分析，外部の専門家への諮問などを行い，収載計画を作成する。申請を受理した場合，データ分析などに関連して，医療機器・医療技術委員会の意見を聴取し，高等保健機構の評議会 (college) による承認を得て，第3段階へ移行する。

(2) 体系付け　収載過程の8段階のうち，第3段階以降は，大きくいえば全国医療保険金庫連合が主体的に関与する。全国医療保険金庫連合は，収載予定の行為等について，独立行政法人である病院情報技術機構 (Agence Technique de l'Information sur l'Hospitalisation：ATIH) とともに作成したコードをもとに，全国医療保険金庫連合のもとに組織される診療行為・保険給付体系化委員会 (Commissions de Hiérarchisation des Actes et Prestations. CHAP：以下，単に体系化委員会という) に提案する。この体系化委員会は医師，歯科医師など医療職ごとに組織され，現在9つの委員会が組織されており，各医療職分野における行為等の体系化のためのルールを作成する。これに加えて，収載が予定されている行為について，専門的な立場から，当該行為を作業時間，ストレス，精神的な負担および技術的な効果という4つの指標に基づき作業スコア (score de travail) を決定し，医療行為共通分類における位置付けを決定する。体系化委員会は必要に応じて関係学会の専門家や経済専門家の意見を聞くことができる。

(3) 全国医療保険金庫連合による収載決定　第4段階の医療経済評価および価格付け，その後の情報提供・協議を経て，収載決定に至るまでの過程は全国医療保険金庫連合が主体的に関与する。

体系付けが終了した後，料金が決定される。また，体系付けに関連する行為がすでにリストに収載されているときには，全国医療保険金庫連合は収載の可能性を評価するとともに，既収載の行為との比較検討から料金を決定する。次に，全国医療保険金庫連合は，保健衛生・社会保障担当大臣，全国医療職連合，関係業種の職業組合や関係施設の労働組合に趣旨説明書を送付し，6カ月以内という期限を設けて補足医療給付に関する補足医療保険組織全国連合から意見を聴取する。意見聴取の後，全国医療保険金庫連合事務局長会議において，収載の可否が決定される。

　全国医療保険金庫連合事務局長会議により収載が決定した場合には，高等保健機構および補足医療保険組織全国連合の意見書に財政影響評価書を加えて，決定通知書が関係大臣に送付される。関係大臣は全国医療保険金庫連合の決定通知から45日以内に異議を申し立てることができる。この期間内に異議がなければ，大臣の承認を得たものとみなされ，医療行為共通分類の場合には30日以内に，診療行為一覧表の場合には1日以内に官報に公示される。

医薬品の販売承認プロセス　医薬品は，EU指令により，処方せん薬と非処方せん薬とに分類される（EU指令2001/83/EC）。これにフランスにおける分類が加味されるため，処方せんの義務付けと医療保険における償還対象の可否とが混在する。

　EU加盟国における医薬品の販売承認プロセスは以下の4方式が存在する。中央審査方式，相互認証方式，非中央審査方式および国別販売承認方式である。中央審査方式は，製造業者に対してEU加盟27カ国全域に対する単一の販売承認を与える方式である。相互認証方式と非中央審査方式とは，ある加盟国での実績をもとに他の国でも販売認証する方式である。2つの方式は，当該医薬品が既に承認されているか承認申請段階にあるかの違いによる。国別販売承認方式は，有効性・安全性が確立している医薬品について個別の加盟国に限定した販売承認を取得する方式である。これらの審査は基本的に欧州医薬品庁が担当するが，これら4方式により販売承認を受けても，さらにフランス独自の販売可否の判断が行われる。

　フランスにおける販売許可は，高脂血症治療薬による薬害問題などを契機に

組織の改編が行われ，2012年5月1日から医薬品安全庁（Agence Nationale de Sécurité des Médicaments et des produits de santé）が担当している。医薬品のリスク監視，リスク・ベネフィット評価および再評価を行う。また，処方せん薬と非処方せん薬いずれであっても販売前に市場流通許可を取得することが義務付けられており，医薬品安全庁による承認審査終了後に，市場流通許可が交付される。

医薬品の償還・価格決定プロセス 薬局で提供されるのか病院で使用されるのかの違いで，医療保険による償還の可否とその価格づけのシステムが異なる。

薬局で提供される医薬品は，外来処方せん薬と処方せん任意薬とに分類される。先に触れたとおりこの分類と償還の対象とは関連しないものの，いずれにせよ医療保険による償還の対象とするか否かは，高等保健機構の透明性委員会が決定し，価格付けは保健省に置かれる医療製品経済委員会（Comité économique des produits de santé）が行う。償還対象外とされるときは，医薬品メーカーの自由価格により供給される。

病院薬については，T2Aの対象となるか否かで区分される。T2Aの対象となる包括化医薬品は，当該医療施設とメーカーの交渉によって価格が決定される。他方，包括化の対象とならない高額または革新的な医薬品については，透明性委員会が評価を行い，医療製品経済委員会がメーカーとの交渉に基づき価格を設定し，高額・革新的医薬品使用可能リストに収載する。

医療機器 医療機器の販売承認プロセスもまた，EU指令が規制する。そして，医療機器のリスクの程度に応じて4分類され，最もリスクの低いクラスⅠの機器については，規制基準を製造企業が自主判断し販売を行うことができる。クラスⅡ以上の医療機器については，欧州域内の第三者認定機関により品質マネジメントシステム等の審査を受けたうえで品質認証マークの適合宣言を受け，販売可能となる。

医療保険における償還対象の可否と価格決定のプロセスは，基本的に医薬品の場合と同様である。

4　日本との比較検討

　1958（昭和33）年から1点単価を10円に統一し，1994（平成6）年から病院に適用された甲表と診療所のための乙表とを一本化したわが国と比較して，フランスの診療報酬体系は複雑である。その基本的な要因の1つは，外来診療と入院診療との相違に求められる。

外来診療と入院診療　繰り返しになるが，外来診療の場合，患者は診療に要した費用の全額を医師に支払った後に，保険者が患者負担相当額を除いた費用を患者に払い戻す療養費方式すなわち償還払い方式を採用している。これに対して，入院診療においては，患者は療養の給付方式に基づき，入院に要した費用の一部負担金相当額を支払うことで足りる。このような外来診療と入院診療における費用負担方法の違いは，診療報酬の決定手続に起因する。これと密接に関連して，診療情報の記述の仕方も大きく異なっている。

　(1)　診療報酬の決定手続　　開業医が担当する外来診療の診療報酬は全国医療保険金庫連合と医師組合との全国協約によって決定される。開業医の提供した診療行為をもとに出来高方式で報酬が算定される。

　これに対して，入院診療を担当する医療施設に対する費用はやや複雑である。施設の運営資金は，入院診療サービスに関する報酬と公益・契約事業促進交付金とに大別される。そして入院診療に関する報酬の大半は，施設滞在型診断群分類ごとに公衆衛生担当大臣が代表的な医療施設団体との協議を経て，1件あたりの包括払い方式で算定される。また公益・契約事業促進交付金は，ONDAMを前提にこれも公衆衛生担当大臣が決定する。これら全国レベルで定められた資金は，地域圏保健庁全国運営委員会により地域圏ごとに配分額を定められ，最終的には地域圏保健庁を通じて各医療施設に支給される。

　(2)　診療情報の記述　　外来診療と入院診療との相違について，いま1つ診療情報の記述方法の違いも指摘できる。外来診療については全国協約に基づき，いわば出来高払い方式で診療報酬が支払われていたのに対して，入院診療については1年間の予算をまとめて配分するという総枠予算方式が採用されて

いた。このように診療報酬の算定方法が違うため，提供される診療内容を記述する方法も異なっていた。

しかし，ONDAMを設定し，その目標額と実績額との乖離を縮小するとともに診療情報を共有するという要請から，医療行為共通分類が導入された。これにより，外来診療と入院診療のうち提供されたサービスを単位とする料金については，診療内容を共通の記述方法によって示すと同時に，報酬額の算定額も同一額となった。

地域事情対応型中央集権システム　GDPに占める国民医療費の割合，国民1人あたりの医療費などから明らかなように，日本の診療報酬の決定システムは，フランスよりもかなり早い時期から，はるかに効率的効果的に機能してきたと評価することができる。

とはいえ，フランスにも注目すべき事柄をいくつか指摘することができる。

(1) 地域圏保健庁　1つは，地域圏保健庁である。フランス本土を13の地域圏に分けて設置される地域圏保健庁は，地域事情対応型中央集権システムの核となる組織である。ONDAMにより設定される資金は，ビタルカードや医療施設活動情報計画により収集された情報に基づき，地域圏保健庁全国運営委員会を通じて地域圏ごとに決定・配分される。地域特性などに応じて各地域圏に配分された金額は，さらに"目標と手段に関する複数年契約"等に基づき，地域圏保健庁から各医療施設に支給されることになる。この資金配分システムを通じて，フランスは平等な医療アクセスを保障するとともに医療の質を確保しながら，医療費の医学的合理的な抑制を目指している。このように，地域圏保健庁は地域事情に対応しながら，医療資源を合理的効率的に配分する権限が与えられている。ここにいう医療資源とは，診療報酬や交付金として患者や国民という立場から提供される財源と，医療サービスを提供する人的資源や施設の双方を意味している。地域圏保健庁は，診療報酬や1件あたり包括報酬の支払いを通じて医療の質や安全を確保する権限を有すると同時に，"目標と手段に関する複数年契約"を通じて，公立病院に対象を限定するとはいえ，病院施設の統廃合を行う権限も認められている。これらの強力な法規整が近年のONDAMが良好な経緯で推移している原因といえよう。

(2) 保険者　フランスにおける診療報酬体系の特徴の1つは，わが国における社会保険診療報酬支払基金のような審査支払に特化した機関が存在しないことである。したがって，診療情報は第一義的には，患者の所属する医療保険制度の保険者に集まることになる。療養費方式にせよ，療養の給付方式にせよ，保険者に対する保険給付の請求は，裏を返せば，患者に提供された診療情報を保険者に明らかにすることによって行われるからである。最終的な情報の集約という点では大きな違いはないとの評価も可能であるが，フランスの保険者には，保険給付を請求する被保険者個人の特定も含めて，さまざまな情報が集まることになる。とくに，ONDAM導入以降のフランスの診療報酬に関する法規整は，情報の共有化を志向していることとも密接に関連して，保険者は個別具体的な診療情報を正確に把握することを可能としている。こうして収集される情報は，最終的にはプライバシーに関わる個人的特性などは捨象されるとはいえ，医療保険制度別，地域別，施設別などさまざまな分析を可能とする有用な資源配分のための指標となる。このことは，情報の非対称性として医師・医療機関の立場の優位性を是正する権能を保険者に与える可能性がある。時に，国民の8割近くを組織する被用者医療保険全国金庫は，物言う保険者として大きな権限を有している。

新たな動き　地域圏保健庁を創設したHPST法以降の政策動向を，地域事情対応型中央集権システムの実現過程を捉えることは，2016年1月26日に制定された保健システムの現代化に関する法律からも根拠付けることができるように思われる。その名称の通り，この法律は2009年HPST法に続く保健システムに関する改革を目指しており，改革の1つとして，外来診療における療養給付方式を導入したことが注目される。本法案は2014年2月に検討委員会が設けられ，国民議会に上程された後も多くの修正がなされ，上院との間を何度も往復してようやく2016年初めに成立した。開業医の反対が予想されたものの，患者側を巻き込むことには成功しなかったようである。外来診療における療養の給付方式は2017年1月1日から実施される予定であり，これが実現すると，外来診療・入院診療の別なく，患者は療養給付方式による負担で済むこととなる。

開業医にとっては，診療報酬を回収するために，いままで以上の手間と時間のかかる方式を採用したことが，今後にどのような影響を与えるかが注目される。いみじくも本年2016年は，外来診療の診療報酬を定める全国協約の改定が予定されている。ここでの協約交渉において，どのような議論や妥協がなされ，いかなる全国協約が成立するのか，大いに注目される。（脱稿後，2016年8月25日に協約が締結されたとの情報を得ることができた。詳細な検討は後日を期したい。）

【参考文献】
稲森公嘉（2012）「病院公役務から公役務的任務へ――二〇〇九年HPST法によるフランス病院改革の一考察」法学論叢170巻4・5・6号，444頁以下
稲森公嘉（2016）「フランスにおける薬剤政策の動向」健保連海外医療保障109/8
加藤智章（2015）「保険診療における当事者関係と診療報酬――フランスを中心に」社会保障法30号，96頁以下
松本勝明編著（2015）『医療制度改革』法律文化社
Bonnici, Bernard (2007), "l'hôpital," documentation française.
Dupeyroux, J-J./Borgetto, M./Lafore, R. (2015), "Droit de la sécurité sociale," 18éd., Dalloz.
Esper, C.B. et Dupont, M. (2014), "Droit hospitalier," 9éd., Dalloz.
Kevin DOUMAIL (2009), "Guide pratique de la tarification à la Activité," Les Etudes Hospitalieres.
Laude, A./Matieu, B./Tabuteau, D. (2012), "Droit de la santé," 3éd., puf.
Moquet-Anger M-L. (2014), "Droit Hospitalier," 3éd., LGDJ.
http://www.ameli.fr/professionnels-de-sante/medecins/votre-convention/tarifs/index.php. : last visit: 2016.04.06.

【注】
1）　本章で条文を示す場合，社会保障法典（Code de la sécurité sociale）をCss.，公衆衛生法典（Code de la santé publique）をCsp.と略す。
2）　http://www.insee.fr/fr/themes/tableau.asp?reg_id=0&ref_id=NATTEF06102.
3）　http://www.securite-sociale.fr/IMG/pdf/annexe_4.pdf.
4）　1回の入院を1件と理解すれば，T2Aは"1件あたり包括評価方式"と表現しうるが，入院を単位に報酬が定められることに着目した。またT2Aには出来高報酬も含まれる

が，わが国のDPC方式においても出来高払い方式に基づく報酬部分もあることから，ここでは"1入院あたり包括評価方式"と訳した。

第2章 ドイツ

田中伸至

1 医療提供体制の概要

契約医診療と病院診療　ドイツの医療制度は，日本と同様，社会保険医療の枠組みの中で[1]，現物給付方式や診療報酬の点数・単価制，診療報酬制度などの構成要素における個別的な決定のための診療側と支払側による当事者交渉の仕組みを採用している。ただし，ドイツでは，日本と異なり，診療所の開業医による「契約医診療」と「病院診療」とが截然と区分され規律されている。

すなわち，医師の資格と医業については，連邦医師法（Bundesärzteordnung：BÄO）が規律し，医業を行うには原則として医師免許（Approbation）が必要とされる（2条1項）。医師免許は州が行い（12条1項），医療職法（Heilberufsgesetz）や医療職会法（Heilberufekammergesetz）といった州法が，医師会の組織，卒後研修，診療科等の標榜等の規律を行う。他方，病院については，連邦の病院資金調達法（Krankenhausfinazierungsgesetz：KHG）が，病院診療報酬の取扱いのほか病院の投資費用に係る公的助成制度を設け，州による病院計画・投資プログラム制度の枠組みを定める（6条）。州の病院法では，それらの策定手続きや助成方法が規定される。このように，開業医は医師免許制度，病院は病院計画・投資プログラム制度というように，その開業・開設の局面から規律の枠組みが異なっている。

公的疾病保険においても，給付提供者としての契約医（Vertragsarzt）と病院

は，疾病金庫との関係で別々の規律に服する形となっており（契約医診療につき，社会法典第5編（Sozialgesetzbuch Fünftes Buch：SGB V）72条ないし106b条。病院診療につき，107条ないし114条），給付提供者の組織化のための法的仕組みも異なる。また，基本的に契約医は外来診療を，病院は入院診療を担当するという形で明確な役割分担がされてきている。現在でこそ，病院の外来診療も拡張されているが，たとえば外来手術が認められたのは1993年，高度専門医療外来の提供が位置付けられたのは2004年であり，病院外来の歴史は古いものではない。

契約医の許可，家庭医と専門医　開業医は，医師の診療科名（Gebietsbezeichnung），部分診療科名（Teilgebietsbezeichnung）または重点診療域名（Schwerpunktbezeichnung），副診療科名（Zusatzbezeichnung）といった標榜科目に係る規制によって，機能分化されている。標榜には，卒後研修の修了と州医師会の承認が必要である。卒後研修の詳細については，州医師会が制定する卒後研修規定が定め，連邦医師会がモデル卒後研修規定を作成している。具体的な診療科名等は，この卒後研修規定に掲げられている。

　開業医が公的疾病保険における契約医診療に参加するには，原則として，金庫医協会，疾病金庫州連合会および代替金庫の代表者により構成される許可委員会（社会法典第5編96条）による許可が必要である（95条1項）。許可は，標榜規制と連動して設定されている医師グループ（Arztgruppe）ごとに設定される契約医の需要計画により制限される（99条ないし101条，103条）。許可申請には，医籍への登録が前提とされ（95条2項），登録要件は，医師免許と卒後研修の修了，修了した診療科の標榜資格の保持である。

　契約医診療は，家庭医診療（hausärztliche Versorgung）と専門医診療（fachärztliche Versorgung）とに区分される（73条1項）。家庭医には，一般医，小児科医，重点診療域名を標榜しない内科医等が属する（同条1a項）。

病院計画と許可病院　病院の開設や配置，公的疾病保険における病院診療への参入に関する規律は，病院資金調達法と州の病院法に基づく病院計画・投資プログラムにおいて行われる。

　病院資金調達法は，質が高く患者とニーズに適合した病院診療の提供を保障することを目的とし（1条1項），そのための病院投資費用の確保を公的助成の

方法により行うと定める（4条1号）。公的助成については，州が病院計画および投資プログラムを策定することとされ（6条1項），詳細は州法に委任されている（同条4項）。病院計画に掲載された病院は，助成に対する請求権を有する。当初の建設費用や3年以上の平均利用期間のある施設設備の更新等への助成については投資プログラムへの掲載も必要とされる（8条1項，9条1項）。病院計画および投資計画に掲載する病院の選抜が必要な場合は，州の所管省が公益と病院運営者の多様性を考慮して一定の裁量の下で決定する（8条2項）。州は，この病院計画および投資プログラムの策定を通じて，各病院の機能設定と病床の量的管理を行うことができる。

州の病院計画に収載された病院（計画病院）は，公的疾病保険における病院診療を担う許可病院となることとされる（Zugelassenen Krankenhäuser. 社会法典第5編108条2号）。病院診療には，州法により大学病院として認められている病院（Hochschulklinik. 108条1号）や疾病金庫州連合会および代替金庫連合会と診療提供契約を締結した病院（同条3号）も許可病院として参加するが，これらの病院についても，入院診療を担い州の住民に対する一般的診療に参加する場合は，病院計画の対象とされ得る（たとえば，ノルトライン－ヴェストファーレン州病院整備法（Krankenhausgestaltungsgesetz des Landes Nordrhein-Westfalen：KHGG NRW. 12条3項）。

計画病院については，州が作成する病院計画への収載により，大学病院については，州法に基づく承認により，疾病金庫との間の診療提供契約の締結が擬制される（社会法典第5編109条1項2文）。これらの診療提供契約により，許可病院は保険診療を行うことができるようになる一方，疾病金庫は，病院と療養費（Pflegesatz. 多様な形態をもつ診療報酬（Entgelt）の上位概念である）の交渉を行わなければならないことになる（同条4項）。

被保険者は，許可病院に対し，病院計画などにおいて規定された許可病院の診療提供任務に含まれる給付のみを請求することができる。診療提供任務は，診療科構成，病床数等の形で確定される。許可病院は，その診療提供任務の枠組みの中で公的疾病保険被保険者に対する診療の義務を負うとともに，その診療提供任務に含まれる給付のみを提供することができ，実施した診療につき疾

病金庫に対する診療報酬請求権を取得する(社会法典第5編39条1項3文, 109条4項2文, 3文, 病院診療報酬法8条1項3文, 4文)。

次節以下では, 契約医診療と病院診療, それぞれに係る診療報酬制度を概観し, そのうち新たな医療技術の保険適用に係る仕組みを抜き出し整理したのち, 制度の特徴を整理する。最後に, 制度の企画構成や運用のあり方および制度の構造と構成要素について機能面に着目して日本との比較検討を行う[3]。

2 契約医に対する診療報酬制度

|構造と決定 過程の概要| 契約医に対する診療報酬制度の構造は複雑であり, 概ねつぎのとおり, 社会法典第5編において詳細に法定されている。

(1) 団体請負と2段階診療報酬配分　契約医による診療については, 州の金庫医協会が管轄地域での契約医による診療を確保する責任を負う(75条)。このため, 診療報酬の支払いは2段階構成となっている。第1段階で, 各疾病金庫が各州金庫医協会に対し当該協会に所属する契約医により行われた診療全体につき全体報酬を支払う(85条1項)。第2段階で, 金庫医協会が全体報酬をその所属する契約医に分配する(87b条1項)。

診療報酬の対象経費は, 経常的経費と投資的経費の双方である。全体報酬額は, 州金庫医協会と疾病金庫州連合会および代替金庫が締結する集合契約において定められる(85条2項)。

(2) 点数・単価制　全体報酬額の設定は, 点数・単価制による。州レベルで金庫医協会と疾病金庫州連合会等は, 被保険者の人数と疾病構造に応じた治療需要を統一評価基準(Einheitlicher Bewertungsmaßstab：EBM)に基づいた点数量として協定する。それに点数単価を乗じ, ユーロ価格で示す形で決定される(87a条3項)。

(3) EBMにおける点数設定　EBMは, 診療報酬支払いの対象となる給付の内容を確定するものである。その点数は, 対象給付間の相対価値を定める。点数設定にあたっては, 診療に要する時間や診療領域ごとの経営状況が考慮さ

れる（87条2項）。

EBMは，家庭医・専門医共通の給付，家庭医が診療報酬請求できる給付，専門医が診療報酬請求できる給付などの部から構成されている（87条2a項）。家庭医に対する診療報酬形態は，主に，被保険者1人あたり包括報酬とされる（87条2b項）。専門医に対する診療報酬形態は，主に，症例ごとの包括報酬とされる（87条2c項）。

EBMは，連邦レベルで金庫医連邦協会と疾病金庫中央連合会によって協定され，内容はこの両自治当事者が共同で設置する評価委員会（Bewertungsausschuss）[4]により決定される（87条1項）。同委員会は，診療側支払側両当事者による自治（「共同自治」（gemeinsame Selbstverwaltung）と呼ばれる）の機関であり，委員は自治当事者からそれぞれ3名指名され，6名により構成される（87条3項）。決定には全員の一致が必要であり，不一致の場合には仲裁手続きが用意されているほか，中立委員3名が加わる拡大評価委員会が設置される（87条4項）。決定の準備作業は，評価委員会の下部組織である作業委員会や作業グループが担う。さらに，両者によって設立された評価委員会研究所（Institut des Bewertungsausschusses：InBA）が評価委員会の事務局を担当し（87条3b項），診療報酬体系化の検討を担う。医学，統計学，経済学，法学，経営学等の専門家が従事している。

また，連邦保健省は，評価委員会やその下部組織，評価委員会研究所等の会議に参加するとともに，評価委員会の決定に対して異議を唱えることができる。同省は，EBMを修正し法規命令により公布することもできる（87条6項）。

(4) 点数単価設定　　点数単価は，州レベルで金庫医協会と疾病金庫州連合会等により協定される。協定にあたっては，EBMに規定される連邦統一単価が指針値となる（87a条2項）。連邦統一単価においては，診療所の投資的経費・経常的経費の動向等が考慮される（87条2g項）。

ただし，疾病金庫の負担軽減の観点から，連邦法が点数単価設定等に介入することがある。たとえば，2011年，2012年については特例措置として，連邦統一単価も州レベルでの単価も改定を行わないこととされた（旧87d条）。

(5) 州レベルの全体報酬額の設定と保険料安定化原則　　州レベルの全体報酬額の設定には，保険料との関係で制約がある。すなわち，社会法典第5編に

保険料安定化原則（Grundsatz der Beitragssatzstabilität）が規定されており，保険料引上げは原則として回避されなければならないとされる。ただし，医学進歩を公的疾病保険に取り入れるため必要な引上げは認められる（71条1項）。こうした保険料安定化原則は，全体報酬額の協定に対する規律の中で具体化されている。

まず前提として，保険料水準は，個々の疾病金庫の決定によらず，一律に法定されている（統一保険料14.6%（241条），うち事業主負担分7.3%（249条1項参照））。疾病金庫には，納付された保険料がプールされた医療基金から，保険料収入が割り当てられる。そのうえで，全体報酬額は，州ごとの被保険者数と診療ニーズに基づき算定され（疾病罹患率調整全体診療報酬（morbiditätsbedingte Gesamtvergütungen）と呼ばれる。87a条3項），その改定率は，保険料安定化原則の下で，被保険者の保険料算定基礎となる所得の平均変動率が上限とされる（71条2項）。この保険料算定基礎所得平均変動率は，協定期間開始時から過去2年半まで遡るデータに基づき算定される（71条3項）。

（6）契約医への報酬分配　全体報酬額は，金庫医協会により四半期ごとに，同協会が疾病金庫州連合会・代替金庫と協議して定める分配基準に従って，契約医に対し診療報酬として分配される（87b条1項）。個々の契約医の診療報酬は，地域ユーロ報酬規定（87a条2項）に基づき算定される。同規定は，EBMと点数単価に基づき作成される。

分配基準には，過剰診療を阻止するため，診療報酬額に対する量的管理措置を置かなければならないとされる（87b条2項）。多くの金庫医協会では，契約医による診療実績が基準給付量（Regelleistungsvolumen：RLV）を超えた場合に，150%超えの部分から適用する点数単価を逓減させる制度を採用している。基準給付量は，医師ごとの前年四半期の症例数と概ね診療科別に相当する医師グループごとに算定された前年四半期の平均症例単価の積により算定される。

新たな医療技術の保険適用　契約医による外来診療分野での新たな医療技術の保険適用は，EBMにおける点数設定とは異なる別の仕組みにおいて行われる。この仕組みについても，概ねつぎのとおり，社会法典第5編において詳細に法定されている。

(1) 共同連邦委員会による導入と排除　　外来診療への医療技術の導入は，共同連邦委員会 (Gemeinsame Bundesausschuss：G-BA) の承認制度を通じて行われる。G-BA が新たな診断治療方法 (Neue Untersuchungs-und Behandlungsmethoden：NUB) の保険適用につき，その公布する指針 (Richtlinien. 92条)[8]において積極的な勧告を行った場合に，公的疾病保険の負担で診療報酬が支払われる給付になる (許可留保を伴う禁止。Verbot mit Erlaubnisvorbehalt)。G-BA の積極的な勧告がない場合には，EBM には収載されない。消極的な勧告がされた場合は，当該診断治療方法は疾病金庫の負担による診療提供から排除される (135条1項)。

　G-BA は，金庫医連邦協会，ドイツ病院協会，疾病金庫中央連合会が共同で設置運営する共同自治の機関であり，当事者交渉の枠組みである[9]。診療側，支払側，中立委員の三者，すなわち，金庫医連邦協会指名の委員2名，金庫歯科医連邦協会指名の委員1名，ドイツ病院協会指名の委員2名，疾病金庫中央連合会指名の委員5名，中立委員3名から構成され，委員長は中立委員が務める。中立委員の任命に際しては，連邦議会保健委員会が候補者に対する公聴会を経て3分の2以上の多数で任命を認めない権限をもつ (91条1項，2項)。

　NUB に対する評価の開始は，金庫医連邦協会，金庫歯科医連邦協会，州の金庫医協会と金庫歯科医協会，疾病金庫中央連合会および中立委員の申請による (135条1項1文)。評価作業は，G-BA の下部組織である方法評価部会やその作業グループ等が行う。部会も三者構成であり，中立の委員長と疾病金庫側6名，医療機関側6名の委員で構成される。部会が準備した決定案は，決定委員会において決議される。決定委員会における議決権は，決定事項に応じ，医療機関側の委員間で移譲される (91条2a項)。

　G-BA では，これら三者のほか，決定事項に応じて専門家学会，医療材料製造者等に意見表明権が与えられる (92条7d項)。患者団体等には，共同審議権や提案権が付与されている (140f条2項)。連邦保健省は，G-BA の決定に対する異議申立権等をもつ。

　G-BA では，事務局が委員会の準備，法律的，方法的助言や学術上の調査を担うほか，医療制度質と経済性研究所 (IQWiG) が有効性や経済性の評価作業を行う。IQWiG は G-BA が設立・運営する法定の財団であり (139a条1項)，

G-BAはIQWiGの勧告を考慮しなければならないこととされている（139b条4項2文）。[10]

(2) 保険適用の基準　申請されたNUBは，現在の医学的知見に基づき審査される。その時点での治療上の方針における当該方法の診断上および治療上の有効性とその時点での学術的知見に基づく医療上の必要性と経済性が承認されることなどが基準となる（135条1項）。有効性，医学上の必要性，経済性については，明確な定義は置かれていない。ただし，共同連邦委員会手続規則（Verfahrensordnung des Gemeinsamen Bundesausschusses）には，審査の対象となる資料の内容が規定されている。

|構造と決定過程の特徴| こうした制度の構造と決定過程の特徴は，つぎのとおりである。

(1) 保険料安定化原則に基づく医療費マクロ管理　第1は，保険料安定化原則に基づく医療費マクロ管理の仕組みである。保険料安定化原則と一律の保険料率が法定されており，州レベルの金庫医協会ごとの全体報酬額の設定と契約医への報酬分配の仕組みを通じて，医療費マクロ管理がなされる形になっている。州レベルの全体報酬額の設定に当たっては，州ごとの被保険者数と診療ニーズが基本的な基準とされる一方，保険料算定基礎所得平均変動率が改定率の上限とされており，明確な医療マクロ管理のための基準が存在する。ただし，疾病金庫財政の観点から連邦法が改定禁止等の介入を行うことがあり，かかる基準の適用が貫徹されているわけではない。

　制度改正の経緯を簡単に振り返ると（図表2-1参照），1977年から既に賃金上昇率に準拠して診療報酬総額の引上げ上限が勧告される制度が導入されており，1993年，保険料算定基礎所得に基づく診療報酬総額伸び率の上限が設定されることとなった。1997年には，給付量が増えた場合に点数単価を引き下げる仕組みも採用された。この点数単価引下げの仕組みは，2004年，報酬分配制度において診療所ごとに設定された基準給付量を超えた場合に実施される形に精緻化された。しかし，2009年以降は，疾病罹患率を全体報酬の算定根拠とするとともに，基準給付量の150％までの部分の単価を固定し，それ以上の部分につき単価を逓減させる仕組みに転換した。同年から法定の統一保険料が導入さ

図表2-1　診療所分野における保険料安定化に関する制度改正経緯

(暦年は施行日による)

年	改正内容
1977年	賃金上昇率に準拠した診療報酬総額引上げ上限勧告制
1993年	保険料算定基礎所得に基づく診療報酬総額伸び率上限設定
1997年	標準給付量に基づく浮動単価制(給付が一定量を超えた場合点数単価を引下げ)
2004年	報酬分配制度における診療所別の基準給付量と浮動単価制
2009年	法定の統一保険料導入。疾病罹患率に基づく全体報酬に転換。報酬分配基準を基準給付量150%までは固定単価制、超過部分は逓減単価制の仕組みに転換

出所:筆者作成

れており、保険料率引上げへの歯止めが明確化された一方で、診療報酬分配の枠組みの中では医業費用補填の要請にも配慮するようになってきているとみることができる。

(2) 立法府による診療報酬制度の企画構成　第2は、立法府による制度の企画構成である。診療報酬制度の構造、すなわち点数・単価制の採用、診療報酬形態の選択、点数や単価設定のあり方や手続き等について、連邦法が相当詳細に規律している。このため診療報酬決定における共同自治は、個別の点数や単価の設定に限定されている。具体的な単価改定についても連邦法が改定禁止の介入をすることがあり、この場合、共同自治はいっそう縮減する。

(3) 当事者と専門家機関の役割分担　第3は、当事者と専門家機関の役割分担である。点数や単価改定、新たな診断治療方法の導入の可否について、保険者代表と診療提供者代表が交渉により決定する枠組みがある。ただし、点数と新たな診断治療方法に関する調査や具体的な評価作業については、専門家が従事する研究機関が担当する。

このように当事者交渉の余地は、制度の企画構成と具体的な診療行為に対する評価の両面から相当狭められているということができる。

(4) 新たな診断治療技術に関する導入基準の存在　第4は、新たな診断治療技術に関する保険導入基準が法定されていることである。新たな診断治療技術の導入に関し、その時点での治療上の方針における当該方法の診断上および

治療上の有効性とその時点での学術的知見に基づく医療上の必要性と経済性が承認されることなどの基準が法定されている。

3　病院に対する診療報酬制度

|構造と決定
過程の概要|　病院に対する診療報酬制度に関する根拠法は，病院資金調達法，病院診療報酬法（Krankenhausentgeltgesetz：KHEntgG）および社会法典第5編である。病院資金調達法が病院の医業経営に係る費用補填の枠組みを定め，具体的な仕組みは病院診療報酬法が規律する。ただし，精神科病院に対する診療報酬については，連邦療養費令（Bundespflegesatzverordnung：BPflV）が定める。同令は法規命令であり，病院診療報酬法制定以前は，一般病院も含めた診療報酬制度を規定していた。新たな医療技術の保険適用については，社会法典第5編と病院診療報酬法が規定を置く。入院診療に係る診療報酬制度の構造もかなり複雑であり，つぎにみるように詳細に法定されている。

(1)　二元資金調達方式　　まず前提として，ドイツの計画病院の資金調達・費用補填には，契約医診療と異なり，二元資金調達方式が採用されている[11]。

　前述のとおり，原則として投資的経費は，州による病院計画・投資プログラム（Investitionsprogramme）に基づく公費助成の対象になる[12]（病院資金調達法4条）。公費助成の対象とする理由について，連邦政府は，病院給付による住民への診療提供は生存配慮（Daseinsvorsorge）に係る公的任務であり，それ故，病院の投資には公的財政援助が必要であるとし，病院の整備や維持が生存配慮の公的任務である以上，公的疾病保険の保険料負担者ではなく，租税支払者全体で資金調達されるべきものであると説明している。

　一方，診療報酬の対象経費から投資的経費が概ね除外されることが法定されており（17条4項），診療報酬は経常的経費を補填対象としている。また，契約医診療と異なり，個々の病院が診療提供任務を引き受ける。このため，診療報酬配分システムは1段階構成であり，診療報酬は疾病金庫から各病院に支払われる。

(2) 予算制・収入調整と保険料安定化原則　　診療報酬は，DRG１件包括報酬や追加報酬に係る収入予算（Erlösbudget）とその他の個別的な診療報酬に係る収入合計（Erlössumme）に基づき支払われる。ドイツの病院診療には，個々の病院に年間支払われる診療報酬を確定する過程が明確に存在するといえる。その仕組みはつぎのとおりである。

まず，個々の病院と疾病金庫側が交渉し，翌年の収入予算や収入合計などの診療報酬額を協定する（18条，病院診療報酬法４条１項，２項，６条３項）。交渉は，DRG評価係数のデータに基づき行われる[13]。

ある歴年において，DRG包括報酬等を通じて得られた収入が協定された収入予算と収入合計との総額（Gesamtbetrag）と異なる場合には，収入調整が行われる。収入調整は，協定された総額を超過した部分につき一定割合を保険者に払い戻し（超過収入調整。Mehrerlösausgleich），又は，不足部分につき一定割合相当額が後払いされる形で行われる（不足収入調整。Mindererlösausgleich）。調整割合は，原則として，超過収入調整につき65％，不足収入調整につき20％となっている（４条３項）。

制度の経緯を簡単に振り返ると（図表2-2参照），1972年に二元資金調達方式が導入された当初は，実費補填原則に基づき，完全包括的な１日あたり療養費が支払われていた（病院資金調達法旧４条，連邦療養費令旧３条，旧10条）。1985年以降，療養費が診療科別に区分されるとともに，病院別予算と収入調整の仕組みが加わった。その後1993年に実費補填原則が廃止され，1986年や1995年に一部の診療報酬形態を予算外に位置付け，部分的に価格システムを導入したこともあったが，2000年には再び，各病院の収入全体を予算の対象としている。2003年にはDRG包括報酬システム（後述）が導入されたが，ここでも予算制は維持されている。

このようにドイツの病院診療では，予算制という医業経営ファイナンスの枠組みの中で，資金調達額の計算および事後の清算ないし分割払いのために，診療科別療養費やDRG包括報酬などの診療報酬制度を利用してきているということができる[14]。さらに，予算制には事後的な収入調整が組み込まれており，保険料安定化原則を具体化する仕掛けとなっている。保険料安定化原則が個々の

図表 2-2 病院資金調達と保険料安定化原則具体化の経緯

（暦年は施行日による）

	病院資金調達の仕組み（実費補填原則、予算制、診療報酬方式）	保険料安定化原則の具体化（予算や単価の伸び率規制）	政策の方向
1972年	病院資金調達法により二元資金調達方式を導入	（投資経費を公費負担とすることにより、公的疾病保険の負担水準も抑制）	医業費用補填を保障
1974年	実費補填原則に基づく総括的な入院療養費（総合原価）を採用		
1985年	実費補填原則を修正し、事前計算された原価を補填対象とすることとし、収益機会と損失リスクを容認		自由な病院経営の余地の承認を通じ経営効率化を促進
1986年	病院別予算制を導入。対予算で収入超過額のうち固定費用分（75％）を払戻し（可変費用分を病院に残す）、収入不足分の「未然な予算制」。予算外で協定できる特定の高額診療に対する特別診療報酬を導入		
1989年		保険料安定化原則を診療報酬協定の際の留意事項として社会法典第5編に規定	
1993年	実費補填原則を廃止。収入調整を停止し、固定予算制を導入（-1995年）	病院別予算伸び率の上限として保険料算定基礎所得平均変動率を設定（-1995年）。ただし、看護職員規則による配置拡充のための質金調達分は例外	価格システムを通じた経営効率化を促進（平均在院日数の短縮）
1995年	州レベルで協定する１件包括報酬と特別報酬。病院別に協定する科別診療費の４方式を併用する算定方式を導入。１件包括報酬と特別報酬は予算外に位置付け	州レベルで協定する１件包括報酬と特別報酬と協定基礎単価の点数単価改定率の上限として保険料算定基礎所得平均変動率を位置付け	
1996年		1996年の各病院の収入全体額は1995年の全体額を上限とし、公的職種保険給引上げ率分だけ引上げ	保険料安定化原則を具体化する制度を強化し、随時、病院分野への支出を厳しく抑制。保険料引上げ回避を医療費用補填要請よりも重視
1997年	収入不足分の後払額を50％に引下げ	入院の必要がないにもかかわらず行われた入院（Fehlbelegung）相当分として、病院別予算を最低１％引下げ（-1999年）。介護保険創設に伴う資金を転用するための措置）。１件包括報酬、特別報酬、病院別予算伸び率の上限として基本賃金率を設定	
1998年		1999年の各病院の収入全体を予算の対象とし、伸び率分だけ引上げ	
2000年	収入超過分の払戻額を85％又は90％に引上げ、収入不足分の後払額を40％に引下げ	各病院別の職種構成に基づく職種給引上げ率を上限として、伸び率基礎所得平均変動率を設定	
2003年～	DRG包括報酬システムを導入、病院別予算制は継続。2004年までは病院別基本単価を適用、その後2009年までに州基本単価の水準に段階的に収斂	統一保険料率の法定、改定上限超過分の後払戻額を65％、収入超過分の払戻額を20％に	自由な病院経営の余地を拡大
2009年	原則として、収入超過分の払戻額を65％、収入不足分の後払額を20％に	費増加を補填	
2012年		改定上限超過分を臨時に容認	病院の医業費用補填の要請に一定の配慮
2013年		改定上限超過を認めるケースを準則化、改定上限安定化原則を緩和	
2014年		改定上限率に係る制約を臨時に緩和（-2015年）	

出所: Tuschen/Trefz 2010, 22-173, 105-134; Behrends 2013, 1-27に基づき筆者作成

病院の予算において制度化されることとなったのは，病院診療セクターでは，契約医診療セクターにあるような州レベルにおける全体報酬額の設定の仕組みがないためである。

　日本の診療報酬制度とは異なり，個々の病院における医業費用補填の要請を明確に意識するとともに，医療費マクロ管理の要請との調整も考慮する建前の仕組みであるといえよう。

　(3)　DRG包括報酬システム　　DRG包括報酬システムは，公的疾病保険による診療報酬の配分基準であり，すべての一般病院に対して適用されている（病院資金調達法17条1a項，17b条1項1文）。包括報酬システムにおける診療報酬形態は約10種類設定されているが，最も枢要なものがDRG1件包括報酬（DRG-Fallpauschalen）である。DRG1件包括報酬は，定義された症例に係る病院での給付をすべてカバーする（17b条1項3文）。この点で，入院基本料や検査料，薬剤料等の部分のみをカバーする日本のDPC/PDPSとは異なる。

　DRG1件包括報酬の対象となる症例は，DRGに基づく分類に従い連邦レベルで統一的に設定されるDRGカタログに掲載され，DRGごとに評価係数が設定される（17b条1項4文，病院診療報酬法8条2項1文）。評価係数は，他のDRGの評価係数との相対的な関係で算定された平均的な費用の大きさを示すもので（病院資金調達法17b条1項5文），実際の診療費用調査に基づき設定される（病院診療報酬法21条参照）。この評価係数の合計に州ごとに設定される州基本単価が乗じられて診療報酬が算定される（4条2項2文）。ただし，DRGカタログに規定された各DRGに係る入院期間上限を超えた入院に対しては，追加の診療報酬が支払われ，入院期間下限を下回る入院に対しては，減算が行われる。

　DRG1件包括報酬以外の診療報酬形態には，たとえば，追加報酬（Zusatzentgelte），その他報酬（Sonstige Entgelte），加算・減算（Zu- und Abschläge）などがある。

　追加報酬は，未だDRGでは適正に支払うことができない給付についての診療報酬であり，対象給付は，連邦レベルの自治当事者が毎年協定する追加報酬カタログに収載される（病院資金調達法17b条1項7文，病院診療報酬法7条1項2号，9条1項2号）。たとえば，2012年においては，15歳以下の血液透析，濃縮

赤血球製剤投与などが対象となっている。

　その他報酬は，DRGカタログ未収載の1件包括症例および追加報酬に適さない給付が対象であり，個別病院について1件その他報酬・1日あたりその他報酬を協定する(病院診療報酬法6条1項)。たとえば，感染症隔離病棟，重症熱傷対応施設での給付が対象になっており，対象施設となるためには，特別施設(Besondere Einrichtung)としての個別承認が必要とされる。個別承認は，特別施設指定協定(Vereinbarung zur Bestimmung von Besonderen Einrichtungen：VBE)に規定される。

　加算・減算(病院資金調達法17b条1a項)は，1件包括報酬や他の診療報酬について多様な目的で加減算されるものである。たとえば，保障加算は，地方部において患者数が少ないため1件包括報酬では費用をカバーできない給付を対象とし，病院と疾病金庫との協定により設定される(病院資金調達法17b条1a項6号，病院診療報酬法5条2項)。州レベルでニーズに応じた診療提供を保障する趣旨の加算である。救急医療事業に参加しない病院については減算が行われる(病院資金調達法17b条1a項1号，病院診療報酬法4条6項)[15]。また，DRGシステム加算では，DRG1件につき加算され，その収入はInEKの運営費に充てられる(病院資金調達法17b条5項1号)。

　さらに，臨時に協定の余地が認められる加算もある。たとえば，2009年から2011年までの間には，看護職員支援プログラムとして，看護職員を増員した場合に年間，収入予算と収入合計との総額の0.48％までを加算することを当事者は協定することができることとされた(旧病院診療報酬法4条10項)。

(4)　DRGカタログと評価係数の改定　　DRG包括報酬システムの導入と発展は，連邦レベルの当事者である疾病金庫中央連合会，民間医療保険協会，ドイツ病院協会が共同自治の任務として担うこととされ，この任務においてDRGカタログ等を協定することを義務付けられている(病院資金調達法17b条2項，病院診療報酬法9条1項1文)。ただし，DRGシステムの調整や評価係数の具体的な算定作業は，三者が共同で設立した病院診療報酬研究所(Institut für das Entgeltsystem im Krankenhaus：InEK GmbH)が担当する。InEKには，臨床医学，病院経営学，医療経済学，法律学等の専門家が所属しており，毎年，臨床医学

団体からのヒアリング等の手続きを行い、DRGカタログを改定している。診療報酬システムの基本構成、評価係数の算定手続、連邦レベルでの継続的なシステム改修等に係る重要な決定については、InEKの株主総会の同意が必要である。同研究所の改定に基づき、三当事者はDRGカタログを協定する。

当事者が協定の合意に至らない場合は、連邦保健省が代替措置（Ersatzvornahme）として法規命令によりDRGカタログを改定することができる（病院資金調達法17b条7項1文）。

(5) 州基本単価の設定と保険料安定化原則　州基本単価については、州レベルの当事者である州病院協会、疾病金庫州連合会、民間医療保険協会が、毎年、翌年に適用する単価を協定する（病院診療報酬法10条1項1文）。協定に際しては、指標単価を参照して交渉するものとされる。指標単価は、連邦統計庁が人件費物件費動向を踏まえ算定し、毎年7月30日までに公表する（10条6項1文）。また、州基本単価の改定率は、連邦レベルの当事者が毎年10月31日までに協定する州基本単価改定上限率を超えてはならないこととされ（9条1b項1文、10条4項1文）、DRGのコード変更により支出増加が起きた場合には州基本単価を引き下げることとされている（10条3項2文）。

州基本単価改定上限率は、指標単価が保険料算定基礎所得平均変動率を下回る場合、保険料算定基礎所得平均変動率の値になる（10条6項2文）。指標単価が保険料算定基礎所得平均変動率を上回る場合は、州基本単価改定上限率については、保険料算定基礎所得平均変動率と指標単価との差の3分の1まで間（交渉幅）で協定しなければならない（10条6項3文、9条1b項1文）。このように保険料安定化原則は、病院診療分野では、州基本単価の設定に対する規律においても具体化されている。

州基本単価設定に係る規律の経緯を振り返ると（図表2-2参照）、DRG包括報酬システム導入以降、2005年から2012年までは、保険料算定基礎所得平均変動率が州基本単価改定上限率とされ、改定上限率の超過は認められていなかった。ただし、2009年、2012年については、臨時に法律により上限超過が認められた（旧10条5項）。医療従事者の協約賃金引上げによる人件費増加をファイナンスするためであった。2013年以降は、上掲のとおり、保険料算定基礎所得平

均変動率の超過を認めるケースが準則化されたが，直後の2014年，2015年については，当該準則による制約が臨時に緩和され，上掲の交渉幅が保険料算定基礎所得平均変動率と指標単価との差の３分の１からその差全体に拡大されている。人件費・物件費の増加をより広く考慮できるようにするための措置であるとされる（旧９条１項３文）[17]。また，2016年には，労働協約による医療職の給与引上げに伴う人件費増加分の50％を州基本単価に反映させる措置が適用されている（10条５項）。

|新たな医療技術の保険適用| 病院診療分野における新たな医療技術の保険適用如何もG-BAが決定するが，その仕組みは契約医診療の場合とは大きく異なる。

（1）共同連邦委員会による排除　　DRGカタログ未収載のNUBであっても，G-BAが公的疾病保険被保険者の診療に必要がないと決定しない間は，病院は疾病金庫の負担で提供することができ，診療報酬が支払われる（社会法典第５編137c条１項）[18]。G-BAの決定は，契約医診療の場合と異なり，DRGカタログから当該診断治療方法を排除する方向でのみ働く（禁止留保を伴う許可。Erlaubnis mit Verbotsvorbehalt）[19]。このため，G-BAのかかる決定がない間は，高度で先進的な診断治療方法が比較試験などの臨床研究を経ることなく公的疾病保険の給付対象となり得る仕組みになっている。

その制度趣旨は，病院診療において医療技術のイノベーションが顕著に発生することを積極的に評価する一方で，医学的に疑問のある診療が公的疾病保険の負担となるのを防ぐところにあると説明されている。また，病院におけるNUBの導入に関する許容性については，病院組織や病院勤務医間でのピアレビューによって，恣意的な診断治療方法の実施から患者は保護されるとの認識が挙げられている[20]。

病院診療におけるNUBに対する評価においては，契約医診療の場合と同様，研究機関であるIQWiGが有効性や経済性の評価作業を行い，その勧告をG-BAは考慮しなければならない。しかし，NUBに係るG-BAの決定に際しては，当事者間の争いとなり多数決にもつれ込む例がみられる。PET（陽子線照射断層撮影）及びPET/CTの悪性リンパ腫への適用が争われた事案では，有効性の確認

のためいかなるレベルのエビデンスを参照すべきか，PETおよびPET/CTによる診断は既存の標準的診断方法に比べ優位性を示すか，主に外来で実施されてきた同診断方法を今後とも病院診療においても認めるか否かが問題となった。医療の技術革新とエビデンスに基づく医療のいずれを重視するか，国際的な臨床適用の状況をどのように受けとめるかといった価値観や契約医と病院との役割分担に係る争いが，保険適用の範囲の決定に際し問題となり得ることが窺える[21]。

(2) DRG未収載給付の個別承認に基づく診療報酬協定　DRGカタログ未収載のNUBに係る診療報酬支払は，個別協定に基づく。すなわち，InEKによりその時点のDRGカタログに収載されていないと認められ，G-BAにより排除されていないNUBについては，病院と疾病金庫側が個別的な1件包括の診療報酬を協定することができる[22]。協定の有効期間は1年である。この診療報酬は病院予算外の位置付けであり，収入調整の対象にならない（病院診療報酬法6条2項）。こうしたNUB協定の制度により，NUBの資金調達・費用補填が可能になると同時に，当該NUBに対する診療報酬の支払いを受けることができる病院が限定されることとなる。

NUB協定が締結された場合，当該疾病金庫からInEKに当該方法の内容と診療報酬算定に係る計算書類が通知される（6条2a項2文）。InEKは，当該NUBについて次回改定時にDRGカタログに収載するかどうかを審査することになる。この審査は，診療報酬額の設定の観点から行われるものであり，当該方法の有効性等の審査は行われない。

| 構造と決定過程の特徴 | こうした制度の構造と決定過程の特徴は，つぎのとおりである。

(1) 二元資金調達方式　第1は，病院経営費用補填における二元資金調達方式の採用である。1970年代から1980年代にかけて投資的経費の助成が大きく伸展した結果，病床数や診療領域も拡大し，病院医療費の大幅な増大を招いた。1990年代になると，州財政の逼迫のため投資的経費の助成が縮減されるようになっていった。このため，病院は投資的経費を公的疾病保険からの診療報酬収入から捻出せざるを得ず，人員整理やアウトソーシングなどを通じた支出

削減を余儀なくされている。このように，二元資金調達方式は，一般財源からの資金が収縮しているため，機能不全に陥っている。

なお，1992年法改正時（医療保険構造法（Gesundheitsstrukturgesetz：GSG））に連邦議会において，二元資金調達方式を診療報酬による一元資金調達方式に転換することが決議され，2009年法改正時（病院財政改革法（Krankenhausfinanzierungsreformgesetz：KHRG））にも疾病金庫や連邦政府は一元財政方式を推すなど，一元方式への転換が何度か試みられたが，州側の反対などによって実現していない。

(2) ファイナンス・ベースの診療報酬　第2は，ファイナンス・ベースの診療報酬である。予算制・収入調整という病院経営の費用補填の枠組みの中で，その算定などのために診療科別療養費やDRG包括報酬システムを利用する形になってきている。

(3) 保険料安定化原則に基づく医療費マクロ管理　第3は，保険料安定化原則に基づく医療費マクロ管理である。保険料安定化原則と統一保険料率が法定されており，州基本単価の設定，病院別の予算制・収入調整を通じて，医療費マクロ管理がなされる仕組みになっている。州基本単価の改定率では，保険料安定化原則に基づき，原則として保険料算定基礎所得平均変動率が上限とされる一方，病院費用構造の変動に配慮するため，上限超過が許容される場合が明定されている。このように，明確な医療マクロ管理のための基準が存在する。

ただし，DRG包括報酬システム導入以前に遡り，病院資金調達法制定から現在までの制度展開を振り返ってみると，ドイツの病院診療報酬制度が保険料安定化原則を通じた医療費マクロ管理の要請と病院の医業費用補填の要請との間で緩々と揺れ動いてきたことが窺える（図表2-2参照）。

すなわち，1972年，病院資金調達法により二元資金調達方式が導入され，投資的経費が公費負担とされた。これは，公的疾病保険の負担水準を抑制しながら，病院の医業費用補填を確保しようとする趣旨に出るものであった。その後，1980年代にかけて病院診療に対する公的疾病保険の支出は急激に拡大した。このため1980年代中盤には，実費補填原則を修正し，事前計算された原価を補填対象とすることとした。収益機会と損失リスクを容認することにより，

病院経営の自由を拡大し，経営効率化を促進しようとする政策対応である。ただし，同時期に導入された病院別予算制では，固定費用と予算を超えて診療を行った場合の可変費用の補填を収入調整により保障していた[23]。対予算額で収入が超過しても不足しても，費用補填面で病院経営に不利にならないよう相応の配慮をする仕掛けである。

　1990年代に入ると，実費補填原則は廃止され，予算外の1件包括報酬と特別報酬などによる価格システムの導入が試みられた。また，病院別予算や1件包括報酬と特別報酬の伸び率の上限として，保険料算定基礎所得平均変動率が採用され，病院診療への支出の伸びを公的疾病保険の収入の伸びと一致させることとした。保険料安定化原則を病院診療分野で具体化したものである。さらに，1993年から1995年には，収入調整が停止され，固定予算制が採用された。その一方で，看護職員規制による看護職員の配置拡大，病院計画改定に伴う診療科の新設等のための資金調達・費用補填分は例外扱いとされたため，病院診療への支出は，保険料算定基礎所得の伸びを超えて拡大していった。

　そこで，1990年代後半には，随時，病院分野への支出を厳しく抑制する立法対応が採られ，保険料引上げ回避を医業費用補填の要請よりも重視する方向が鮮明となった。病院別予算制における収入調整も固定費用の補填を保障するものではなくなるとともに，2000年には，各病院の収入全体を予算の対象とし，保険料算定基礎所得平均変動率がその伸び率の上限とされるに至っている。

　こうした保険料安定化の要請を重視する方向は，DRG包括報酬システム導入後も引き継がれ，州基本単価改定率についても保険料算定基礎所得平均変動率が上限とされることになった。しかし，州による病院の投資的経費助成の圧縮が続いてきたこともあり，病院経営が逼迫している状況の下で，2013年から州基本単価改定上限率の超過を認めるケースが準則化された。翌年にはその準則による制約も臨時に緩和されている。2009年以降，統一保険料率の法定により保険料率引上げへの歯止めが明確化された一方で，公的疾病保険財政の好転に応じて，連邦法による州基本単価の操作を通じて医業費用補填の要請に随時配慮がされるようになったということができる。

　以上，1972年以降現在までの約40年間を俯瞰すると，病院診療報酬政策の方

向性は，医業費用補填の保障→経営効率化の促進→保険料安定化原則の重視→医業費用補填の要請との間のリバランス，というように緩やかに回転してきていることがわかる。

(4) 立法府による診療報酬制度の企画構成　第4は，立法府による診療報酬制度の企画構成である。DRGシステムの採用，診療報酬形態の種類，単価設定のあり方や手続き等について，連邦法が相当詳細に規律しており，診療報酬決定における共同自治はDRGカタログや州基本単価の設定に限定されている。さらに，具体的な単価改定についても，連邦法が改定上限率規制を操作してきている。

(5) 当事者と専門家機関の役割分担　第5は，共同自治の内部における当事者と専門家機関の役割分担である。DRGカタログや単価改定，NUBの排除の可否については，保険者側と診療側が交渉により決定する枠組みがある。これらのうち州基本単価については，実質的にも当事者交渉の枠組みが維持されているが，DRGカタログや評価係数の改定作業は，研究機関InEKが担当している。当事者の関与はInEKの株主としての評価係数算定手続の決定等に絞られ，当事者による価格交渉の性格は背景に退いているのである。NUBに関する評価作業も，研究機関IQWiGが担当しており，G-BAはその勧告を考慮しなければならない。ただし，勧告に対し当事者から異論が出ないわけではなく，技術革新とエビデンスに基づく医療とのいずれを重視するかなどを巡り議論となったケースもある。

(6) 新たな医療技術の事後審査　第6は，病院診療においては新たな医療技術の保険適用の可否が事後的に審査されることである。NUBに対して有効性等の事前審査を経ずに，当該NUBを実施する病院と疾病金庫との間の個別契約により費用全額の保険適用を可能にする方途が存在し，有効性などに問題のあるNUBは事後的に排除される仕組みになっている。また，G-BAによる有効性の審査制度とInEKによる診療報酬設定が截然と分離されている。

その際のNUBの評価に関しては，契約医診療と同様，その時点での治療上の方針における当該方法の診断上および治療上の有効性とその時点での学術的知見に基づく医療上の必要性と経済性が承認されることなどの基準が法定され

ている。

4 日本との比較検討

最後に、これまでの制度描写を踏まえ、日独両国の制度の主な特徴や傾向を把握する。

制度の企画構成のあり方　診療報酬制度自体の企画構成には、多様な関係機関や団体が関与するが、日独間では、この関与の比重に大きな違いがある。日本では、法律上規定されているのは、厚生労働大臣が診療報酬および保険診療に導入するかどうかの検討対象とする診療を決定すること、診療報酬の決定にあたり中医協に諮問すること、中医協委員の構成如何にとどまる。立法府の関与は小さく、法律の規律密度は極めて低い。

ドイツでは、法律に、点数・単価制や包括報酬システム、予算制や収入調整の採用とその内容、点数と点数単価、予算、収入調整の決定過程のあり方につき、相当詳細に書き込んでいる。そうした枠組みの中で、支払側診療側両当事者は共同自治の名の下、個別的な決定を担うにとどまっている。しかも、個別の決定（たとえば、点数単価改定）に対しても、経済情勢等に応じて立法府が介入する。共同自治といっても、立法府からの強力な制約や指示を受けている。

当事者と専門家機関の役割分担についてみると、日本では、手術やDPCの点数評価を専門家組織が担当する。中医協総会で具体的な点数の数値如何が争われるのは、ごく一部の算定区分にとどまる。当事者の議論では、医療のあり方や方向性、算定ルール等に焦点が当てられる。ドイツでもDRGカタログ改定は研究機関が担い、当事者はその手続に同意を与える立場に退いている。つまり、具体的な給付の経済的価値如何は一種の計算問題として専門家に委ねられているのである。新たな医療技術の保険適用についても、両国ともに、具体的な評価作業は専門家組織に委ねられている。

ただし、ドイツでは、医療のイノベーションとエビデンスに基づく医療との相克関係などをめぐる当事者間の争いが顕在化していたし、日本でも中医協での議論は今後の医療のあり方などから進められている。こうした現況を踏まえ

ると，当事者交渉の役割は，個別的な価格交渉というよりも，医療に係る価値判断に基づき保険医療の方向性を調整していくところにあるということができる。

|病院診療報酬 制度の構造| 診療報酬制度の構造については，日本の制度とドイツの制度，とくに病院診療報酬制度との間に大きな違いがある。

ドイツでは，予算制という経営費用をファイナンスする仕組みがあって，その計算のためにDRGシステムを利用している。主に診療実績を算定基礎にして経常的経費全体に対する費用補填額を計算するもので，いわばファイナンス・ベースのシステムである。そこでは，一般管理費がDRG包括報酬の原価計算において費用配賦されるほか，患者が受けた診療行為に直接関係しない病院機能や特性への評価（救急医療参加病院への加算，地方部の病院への保障加算等）なども費用補填として診療報酬に加算される。他方，患者負担は，診療報酬の一部負担ではなく，定額の追加負担（Zuzahlung．1日10ユーロ，入院28日まで。疾病金庫の財政負担軽減が目的であり，病院から疾病金庫に送金される）として外付けされているから，診療の対価とはいい難い費用を患者が自己負担することはない。

これに対し日本の診療報酬は，患者が受けた診療への対価としての性格が強いサービス・ベースの仕組みである。このため一般管理費は診療行為への対価である診療報酬から捻出していくことになる。また，DPC/PDPSでは，救急医療の実施，災害派遣医療チーム（DMAT）の存在等が係数として評価されており，これらはDPC対象患者に係る診療報酬と一部負担に跳ね返る。たとえば，DMATのある病院で胃の悪性腫瘍の治療を受けると，他のスペックは同じでDMATのない病院で同様の治療を受けた場合よりも診療報酬額と一部負担額は高くなる。日本の制度では，患者が受けた診療とは間接的にも関係が認め難い病院機能に係る費用が診療の対価としての性格をもつ患者負担を増やす結果になってしまうことがあるのである。

|新たな医療技 術の保険適用| 新たな医療技術については両国とも，暫定的に保険適用する段階があるが，大きな違いがある。日本の評価療養

に対する保険外併用療養費では施設管理などに係る部分のみが保険適用になるのに対し，ドイツのNUB協定では当該NUB症例1件全体が保険者負担となる（DRG包括報酬も1件全体をカバーする）。したがって，DRGカタログ未収載の1つの治療のみを入院で受ける場合，基礎的費用は保険者負担，手術料等は患者負担とする種類の混合診療はみられない。他国の状況も踏まえる必要があるが，いわゆる混合診療全面解禁の是非などという問題設定は，診療報酬算定方法如何に由来する特殊日本的な問にとどまる可能性がある。保険適用基準や審査手続き，暫定適用段階での費用負担のあり方を主題として問を立て直す方が適切であろう。その際には，ドイツの有効性や医療上の必要性等の基準や日本の裁判例で示された療養担当規則の趣旨の理解が出発点となる。[24]

また，ドイツの病院診療では，わが国の評価療養に相当するような事前審査がない。幅広く病院診療で実施された後になって有効性が否認された治療法もある（経心筋レーザー血行再建術，ロボドック）。こうしたドイツの経験や動向を踏まえると，事前審査の仕組みを堅持していくのが適切であろう。

〔付記〕本章は，科学研究費補助金（基盤研究(A)）「持続可能な社会保障制度構築のための病院等施設サービス機能に関する総体的比較研究」（JSPS科研費 JP15H01920，研究代表者加藤智章）および科学研究費補助金（基盤研究(C)）「医療の質の向上に役だつ医療保険制度のあり方に関する基礎的研究─日本とドイツを例に」（JSPS科研費 JP16K03338，研究代表者田中伸至）による研究成果の一部である。

【参考文献】

Becker, U./Kingreen, T. (Hrsg.) (2014), SGB V Gesetzliche Krankenversicherung kommentar.
Behrends, B. (2013), Praxishandbuch Krankenhausfinanzierung. 2. Aufl.
Dettling, H-U./Gerlach, A. (Hrsg.) (2014), Krankenhausrecht kommentar.
Hänlein, A./Kruse, J./Schuler, R. (Hrsg.) (2012), Sozialgesetzbuch V Lehr-und Praxiskommentar. 4. Aufl.
Simon, M. (2013), Das Gesundheitssystem in Deutschland. 4. Aufl.
Tuschen, K. H./Trefz, U. (2010), Krankenhausentgeltgesetz. 2. Aufl.
Zimmermann, C. (2012), Der Gemeinsame Bundesausschuss.

【注】
1) 公勤務労働者を除く公務員等は公的疾病保険の加入義務を免除されており，公費による医療保障が行われている。高所得労働者や自営業者も公的疾病保険加入義務を負っておらず，公的疾病保険への加入に代えて，民間医療保険の完全医療保険に加入することができる。加藤智章・西田和弘編（2013）『世界の医療保障』（法律文化社）23頁，24頁（水島郁子執筆部分）参照。
2) 病院資金調達法2条1項は，病院を「医学的看護的診療を通じて，疾病，苦痛及び身体損傷を診断し，治療し，苦痛を緩和し，又は，助産を提供するところであり，かつ，診療を受ける患者に宿泊と食事を提供することができるところ」と定義する。
3) 検討対象とする法令等は，2016年（平成28年）1月1日時点のものまでとする。検討の簡素化のため，医薬品，歯科，精神科医療，民間医療保険等は取り扱わない。
4) ドイツでは，公的疾病保険制度において診療報酬などの個別的な規範の決定を委ねられている保険者ないし保険者側団体と診療側団体ないし個別病院を「自治当事者」（Selbstverwaltungspartner）と呼ぶ。具体的な自治当事者は，連邦レベル，州レベル，地域レベルそれぞれにおける決定について法定されている。
5) こうした一般的な保険料率は，2008年末までは社会法典第5編の授権の下で疾病金庫の規約が定め，2009年及び2010年については法規命令が定めていた。
6) この割当てでは支出を補うのに十分でない場合，疾病金庫はその被保険者に対し追加保険料を課すことができる（242条1項）。
7) Simon 2013, 319ff.
8) 指針は，法規範であると理解されている（BSGE 78, 70）。また，G-BAの決定は，G-BAの設置運営者，設置運営者の構成員，疾病金庫，被保険者および給付提供者（公的疾病保険に参加する医療機関）を拘束する（社会法典第5編91条6項）。
9) G-BAの所管事項は，①指針の公布（社会法典第5編92条1項），②新たな作用物質を含む医薬品の有効性評価（35a条），③医薬品の費用対効果評価（35b条，139b条），④排除された医薬品の一覧表の作成（93条），⑤高度専門給付，希少疾患，特殊経過を伴う疾患のカタログの改定（116b条），⑥医療の質に関する指標の決定（136c条），⑦医療の質に関する要件の施行と監視（137条），⑧病院における診断治療方法の評価（137c条），⑨医療制度質と経済性研究所（IQWiG）の設置（139a, b条）など多岐にわたる。

　指針の対象事項としては，①医師の診療，②義歯の診療および歯列矯正治療を含む歯科医師の診療，③疾病の早期発見等に関する措置，④妊娠および出産に関する医師の世話（Betreuung），⑤新たな診断治療方法の導入，⑥医薬品，包帯材料，療法手段および介助手段並びに病院診療，在宅看護および社会治療，⑦労働不能の判定，⑧医学的リハビリテーションのために個別症例において提供される給付の処方並びに医学的リハビリテーション，労働生活への参加及びリハビリテーションに関する補足給付についての相談，⑨需要計画，⑩妊娠をもたらす医学的処置，⑪避妊，妊娠中絶および不妊手術の処

置，⑫患者移送の処方，⑬医療の質の確保，⑭専門外来緩和ケア，⑮予防接種が法律上列挙されている（92条1項）。

10) 考慮とは，G-BAは原則としてIQWiGの勧告に従わなければならないことを意味する（Wallrabenstein, A. in: Becker/Kingreen (Hrsg.), 2014, §139b Rn. 17）。G-BAは，IQWiGの評価に従わない場合にはその理由を付記する義務を負う（Zimmermann 2012, 282）。

11) 二元資金調達方式導入までの経緯を略説すると次のようである。すなわち，ドイツでは19世紀末の公的疾病保険創設後，病院も疾病金庫から支払われる療養費によりファイナンスを行う形になっており，療養費の額は病院と疾病金庫とが自由に個別契約していた。ただし，当時最も多かった病院は宗教系などの公益病院であり，自らの病院事業は慈善事業であると理解していたため，病院側は医業費用を全額補填できる療養費額を要求していなかった。したがって，当時の病院は，公的疾病保険と病院経営体の持ち出しによる二元資金調達であった。第二次世界大戦後，病院インフラの再建が課題になり，その費用を病院経営体と疾病保険とのいずれが負担するか争いとなったが，立法府は保険料負担の引上げを認めず，病院再建は病院経営体から持ち出しを原資とする方向の政策決定を行った。その後，病院の損失が膨らみ病院診療が十分に提供されないことが問題となった。そこで，病院インフラの整備を税財源により進めるため，1972年，病院資金調達法が制定され，投資的経費は税財源，経常的経費は公的疾病保険により負担する二元資金調達方式が導入されるに至った。導入に当たっては，病院ファイナンスを確保する連邦と州の責任を根拠付けるため基本法（Grundgesetz für die Bundesrepublik Deutschland）が改正され，病院の経済的保障と病院療養費に関する連邦の競合的立法管轄権を明記された（72条19a号）。Dettling, H-U./Gerlach, A. in: Dettling/Gerlach (Hrsg.) 2014, §1 KHG Rn. 5-7, 9.

12) 病院資金調達法は，投資的経費をa) 病院の施設（新築，移転，拡張）と病院に帰属する耐久消費財（非耐久消費財を除く財）の費用，b) 病院に帰属する施設設備財産（設備財）の再調達に係る費用と定義している（2条2号）。州から公費助成される投資的経費には，病院の建設費用，病院経営に必要な施設設備の初期費用，平均使用期間が3年を超える施設設備の更新費用などが含まれる旨の規定もある（9条1項）。

13) 収入予算については，前年協定に規定された給付量を超える部分について一定の減額を協定するものする立法上の措置がとられてきた（超過給付減算（Mehrleistungsabschlag）。病院診療報酬法4条2a項）。給付拡大に伴う疾病金庫の支出増加を抑制する趣旨である。この超過給付減算の制度は，2009年に導入され，その時は減算額は法定されなかった。2010年は同制度は適用されず，2011年には30％の減算率が法定されたが，2012年では減算額如何は当事者間の協定に委ねられた。2013年には，再び減算率が法定され，25％とされた。一方，州基本単価の協定にあたっては，給付拡大があった場合に州基本単価を引き下げる方向で考慮すること等の考慮事項が法定されていた（旧10条3項1文

4号，2文）。この州基本単価の引下げに加え，超過給付減算が行われる点に対しては，「二重の減算（doppelte Degression）」であり，病院の経済的基本権に不相当の介入を行うものとの批判があった。これを受け，立法府は，実際に得られた診療報酬に1％（2013年）または0.8％（2014年から2016年まで）分を割増しする診療提供加算（Versorgungszuschlag）を設定した（病院診療報酬法8条10項）。その後，2016年，給付拡大につき州基本単価を引き下げる方向で考慮する旨の規定が削除され，診療提供加算も2016年限りとされた。2017年からは，超過給付減算に代えて，収入予算の前年協定を超える給付拡大分につきDRG包括報酬の平均的な固定費部分を差し引く仕組み（固定費用逓減減算。Fixkostendegressionsabschlag）が導入される。この減算額は州レベルの当事者により協定される（10条13項）。

14) 1986年および1995年に施行された連邦療養費令では，特定の診療行為に対する1件包括報酬や特別診療報酬を予算適用外とし，自由な価格システムとすることが目指されていた。しかし，疾病金庫側，病院側双方の抵抗により，それらの診療報酬を予算適用外としたのは一部の病院にとどまった。その後，立法府は，DRG包括報酬システムを導入する方向に転換することになった。Tuschen/Trefz 2010, 112-115.

15) 連邦レベルの当事者は，2017年6月30日までに，救急医療に参加する病院又は参加しない病院に対する段階的な加算・減算制度を協定するものとされている（病院診療報酬法9条1a項5号）。

16) Behrends 2013: 132-134; Vollmöller, T. in: Dettling/Gerlach (Hrsg.) 2014, §10 KHEntgG Rn. 22f.

17) BT-Drucksache 17/13947, S. 35.

18) ただし，社会法典第5編137c条は，G-BAの消極的な決定がなされるまでの間，病院に対し任意の診断治療方法を許容する趣旨ではなく，2条1項3文の医療の質に対する基準（一般的に承認された医学水準に応じ，医学の進歩を考慮したもの）の適用は排除されない。137c条は，新たな診断治療方法の導入にあたり統一的な公式手続を経ることは要求しないが，適応や必要性，経済性についての事前審査等を病院が自主的に行うことなどを帰結する。Altmiks, C. in: Bergmann, KO./Pauge, B./Steinmeyer, H-D. (Hrsg.), Gesamtes Medizinrecht. 2. Aufl.2014, §SGB V §139c Rn. 5.

19) 当該NUBがDRGカタログから排除されても，その費用を患者が自発的に負担することにより，臨床適用の余地があるかどうかについては争いがある。Pütter, N. in: Dettling/Gerlach (Hrsg.) 2014, §137c SGB V Rn. 29は，職業の自由の表れである治療の自由を根拠に臨床適用の可能性を認める。Viessmann, T. in: Spickhoff, A. (Hrsg.), Medizinrecht. 2. Aufl. 2014, §137c SGB V Rn. 7は，社会法典第5編137c条が医療の質を確保するための規範でもあることを理由に臨床適用から排除されるとする。

20) BT-Drucksache 17/6397, S. 6.

21) 医療技術のイノベーションとエビデンスに基づく医療との間には緊張関係がある。病

院側は十分なエビデンスは広範な臨床適用が前提となる旨主張する（Deutsches Krankenhausinstitut e. V., Anspruch und Realität von Budgetverhandlungen zur Umsetzung medizintechnischer Innovationen, 2009, S. 114.）。一方，支払側は患者の安全の確保を理由にエビデンスに基づく医療の費用のみ負担するとの立場である（GKV-Spitzenverband (Hrsg.), Innovationszentren in der GKV-Versorgung, 2011.）。

22）　2008年では，対象となるNUBのうち診療報酬が協定されたのは，3分の2にとどまる。協定に至らない原因としては，病院がNUBを，そのNUB協定の締結を断念する代わりに他の要求を疾病金庫に受け入れさせる形で，交渉戦術として利用していることや（BT-Drucksache 17/6397, S. 5），疾病金庫側が交渉を遅らせたり，疾病金庫医事部（Medizinischer Dienst der Krankenversicherung：MDK）ないし疾病金庫中央連合会医事部（Medizinischer Dienst des Spitzenverbandes Bund der Krankenkassen：MDS）にエビデンス評価の鑑定を依頼し，その結果に依拠して，NUB協定の締結を拒否する実務を採用していること（封鎖行為（Blockadehaltung）と呼ばれる。Deutsches Krankenhausinstitut e. V. (Fn. 21), S. 23ff, 112ff.）が挙げられている。なお，MDK/MDSは，疾病金庫などが設立した病院診療報酬に関する審査機関である。

23）　当初は，経営学的根拠に基づき固定費用75％，可変費用25％と見積もられ，超過収入調整においては，病院から疾病金庫に対し超過分の75％を払い戻し，不足収入調整においては，疾病金庫から病院に対し不足分の75％を後払いすることとされていた。

24）　岐阜地判昭59.10.15判時1169号48頁は，療養担当規則の趣旨の理解として，「疾病等に罹患した被保険者に対してその治療に必要な限度で現代医療の一般的水準に適合した治療等を療養の給付として施用させることを目的と」すると指摘する。

第3章 イギリス

国京則幸

1 保健サービス方式の「診療報酬」

　本章では，イギリスの医療保障における診療報酬を扱うことになる。しかし，診療報酬という用語は，一般的に，社会保険方式の医療保障における，公定価格表とそれに基づく医療サービスの提供・報酬の交換という制度を意味するようになっている。したがってこのような点からすると，そもそも，社会保険方式を採らないイギリスの医療保障には，他国との比較可能な診療報酬が存在するのか，あるいはイギリスの場合の診療報酬とは何を意味するのか，ということが問われよう。あわせて，診療報酬が現実的に医療保障における給付の範囲を画定する重要な役割を担っていることから，イギリスの場合について，この点（サービス規整との関わり）を明らかにする必要がある。

　本章では診療報酬を次のような2つの点から捉えることとしたい。1つは，まず，診療報酬というものを，医療保障における費用の問題（＝医療保障のファイナンス），と広く捉える捉え方である。イギリスの医療保障制度全体を，費用という点から捉え直し，その上で，サービス提供のための費用をコントロールする仕組み（広義の「診療報酬」）に着目する。イギリスの医療保障制度の下で，医療保障の費用がどのように確保され，またどのように配分・費消されることになっているのか，その全体像を明らかにする。もう1つは，さらに踏み込み，より具体的な制度として近年導入されるに至っている，日本の診療報酬類似の制度に着目し，その仕組みを明らかにする（狭義の「診療報酬」）。そしてその上で，これら広狭2つの視点から把握する「診療報酬」が，イギリスの医療保障

の中でどのような役割・機能を果たしているのかを分析，評価したい．

2　国民保健サービスとは

国民保健サービスとは　イギリスの「診療報酬」を検討する前に，まずは，イギリスの医療保障制度の大枠について確認することから始めたい．イギリスは，1948年以来，国民保健サービス（National Health Service. 以下，NHSとする）を中心とした医療保障体制を構築してきている[1]．かつて，社会保険制度による医療保障を実施していた（1911年～）ものの，第二次世界大戦後の国内の状況や，『ベヴァリッジ報告』（1942年）によって所得保障制度（social security）[2]の前提の1つとして「包括的な保健およびリハビリテーション・サービス」の必要性が指摘されたことなどの影響を受け，平等指向の強い制度が創設されることとなったのである．

NHSは，①受診時に，原則，費用負担なしで，②すべての者に対して，③臨床上の必要性に応じた，④包括的保健サービス（予防・治療・リハビリ）を提供する制度であるとされる．このため，⑤費用の大部分を租税で賄い，制度としても，⑥中央集権的な制度として構築されてきた．このうち，①，②は利用サイドから見たNHSの特徴であり，③④⑤⑥は提供サイドからみたNHSの特徴ということになる．そして，創設から今日に至るまで幾多の制度改正を経て，サービス提供のための枠組み・機構（⑥）については大きく変化を遂げてきているものの，利用と提供にかかる基本的考え方（①～⑤）は維持されてきている．そこで，次にこれらの特徴に沿って，NHSのポイントについて言及し，イギリスの「診療報酬」の理解の前提を固めていきたい．

NHSの利用サイドの特徴　日本などの社会保険制度と異なり，NHSには給付の前提となる制度の「適用」という考え方が妥当せず，サービスの利用資格だけが問題となる（②）．さらにここでいう，サービスの利用資格とは，NHSの下で医療サービスを費用負担なしで利用できる地位（①），を意味している．

NHSの下でのサービスの利用資格の基本は，「NHS登録」といわれるもので

ある。これは市民が自ら選択した特定の診療所を「かかりつけ」として登録しておくもの（制度上，正確には，診療所が，受け持ち住民リストとして市民を登録する）で，複数登録は認められない。また，市民にとってこの登録自体は任意で，登録においては，（イギリス）国籍や納税，国民保険の保険料の拠出などは一切考慮されず，「通常の居住者（Ordinary Resident）[3]」であるかどうかだけが問題となる。また登録は個人単位であり，理由にかかわらず変更をすることも可能である。

ところで，NHSでのサービスは，法令によって明文で費用負担等を規定している場合を除いて，費用負担なしで提供されなければならない（2006年国民保健サービス法1条4項．以下，当該法律を2006年NHS法とする）。現在，一般的に，処方箋薬をはじめとして，一定のサービスの利用については定額の費用負担が規定されている[4]。ただし，この負担（額）と提供されるサービス内容との関係－対価関係－は希薄なものである。

このような「NHS登録」を「診療報酬」という点からみてみると，利用者たる市民・患者と，サービス提供者である診療所等医療機関の側とのそれぞれに，つぎのような意味を読み取ることができる。まず，利用者の側にとっての「NHS登録」はサービス利用の資格以上のものではない。サービスが原則，費用負担なし，あるいは，一定のサービスの負担についても，サービスの対価としての関係が希薄であるために，利用者と「診療報酬」というのは，広狭いずれの意味においても，関係が希薄であるとすることができる。

他方，サービス提供者側にとっての「NHS登録」は，後述するように，提供者（とりわけプライマリ・ケア・サービス提供者）が受け取る報酬の計算根拠の1つとなっており，「診療報酬」と一定の関係を有するものであるといえる。

NHSの提供サイドの特徴　次にNHSの提供サイドの特徴に目を向けて行きたい（③～⑥）。社会保険による公的医療保険の仕組みとNHSとの相違について，財源の違い，すなわち，NHSが税財源で行われている点を指摘する場合がある（⑤）。しかし，制度的な特徴という点では，何を原資としているかではなく，その方法に着目すべきであろう。すなわち，NHSは税を財源としているため，サービスにかかる費用の徴収（財源の確保）とサービスの給

付（医療の提供）とが切り離されている，という点が重要である。NHSには，基本的に，医療保障にかかる費用徴収のシステムは存在しておらず，この点は，国の税制と，所得保障のシステムである国民保険の保険料徴収システムによっている。つまり，NHSは，基本的には，サービス提供のための配分システムである点を軸に理解しなければならないのである。

　さらに，イギリスの医療保障の特徴として，プライマリ・ケア・サービスとセカンダリ・ケア・サービスの区分を指摘する場合がある。プライマリ・ケア・サービスおよびセカンダリ・ケア・サービスの内容は後述するとして，この区分は，しばしばつぎのような市民・患者側の医療へのアクセスの特徴と結びつけて説明される。すなわち，住民はまず，"ワンストップ医"としての総合医（General Practitioner. 以下，GPとする）を受診し，必要なプライマリ・ケア・サービスを受け，臨床上の必要がある場合のみ，このGPの紹介を受けてセカンダリ・ケア・サービスを提供する病院に行く，というものである（③，④）。そして，この紹介による病院受診ゆえに生じる，専門医療の受診の為の長大な待機者リスト（ウェイティング・リスト）の存在も，イギリス医療保障の――しばしば否定的な――特徴として指摘されてきた。

　しかしこのサービス区分やアクセスの規整は，NHSという医療保障方式に固有のものではなく，その根底にあるイギリスの医療，とりわけ医師の歴史的形成に由来するものである。イギリスの医療保障として説明されているものであっても，それがNHSの特徴なのか，あるいはその前提となっている医療制度に由来するものなのかを意識しつつ理解をする必要がある。このような観点から今一度NHSをみてみると，NHSは基本的には，サービスのいわば「量的側面」から保障する制度であるとすることができる。他方で，現実的なサービス提供においては，患者に対する医療の中身（医療の「質的側面」）はもとより，このサービスの「量的側面」のさまざまな局面においても医師が重要な役割を担ってきている点を，ひとまず指摘しておくことにしたい。

　ところで，NHSは，中央政府の税を財源としてサービスを提供するため，中央から各地域の現場に資源を配分していく中央集権的な組織機構が存在していた（⑥）。しかし現在までに幾多の制度改正を経て，その様子は大きく変わっ

てきている。特に90年代以降の内部市場の導入，そしてそれに伴う提供責任者－提供者の分離は，NHSの組織機構のみならず，NHS全体に大きな変化をもたらした。ここでは，「診療報酬」を理解するためにおさえておくべき，現在のNHSの組織機構上のポイントを簡単に指摘しておきたい。すなわち，

・提供責任者（購買者）－提供者（供給者）の分離
・コミッショニングの展開
・地方の役割の増大
・プライマリ・ケア・サービス重視
・監督機関の登場

である。また，これらの特徴はすべて相互に密接にかかわっている点も重要である。

　NHSはもともと，中央集権的な制度として構築され，病院管理に重きが置かれていた。しかし予算が前提となるNHSは，財政事情等から，医療関係従事者の待遇や病棟の閉鎖など数々の問題に直面することとなる。そのような中で，いかに「効率化」するかが制度改正の中心的課題と位置付けられ，一方で，機構内の資源配分の方法についての議論，手法の開発が行われ，他方で「効率化」を進めるべく組織機構の改組が行われてきた。特に，組織機構の改組は，地方・地域機関の統廃合にとどまらず，機関内部における意思決定方法等にまで及んだ。

　そしてこのような「効率化」をさらに推し進めるために行われたのが，内部市場の導入である。この意義は，それまで，1つの機関が担っていた，サービスの計画とサービス提供の意思（役割）を，それぞれ異なる機関に分離し（購買者－供給者），それぞれに責任を負わせることにあった。また，住民に対して必要なサービスの確保（計画・実施）を行う際には，住民に近い機関がこれを担うほうが良いと考えられ，GPに期待が寄せられることとなる。このような流れの中で，地方・地域にあって住民に対して責任を負い，かつ提供者との間ではサービス確保の当事者となる，プライマリ・ケア・トラスト（Primary Care Trust. 以下，PCTとする）が登場することなる。地方におけるPCTが確立されると，NHSの予算の大部分はPCTに流れることになり，あわせてサービスの確

保のために，契約を中心としつつも，特徴ある手法（後述する，コミッショニング）が展開されることとなる。さらに，このような契約を中心とするサービス提供を前提とし，提供主体の多様化が行われる中で，直接的にはサービスの提供の当事者関係にたたない各機関が，さまざまな形で規制・監督するようになっている点も大きな変化であるといえる。

　NHSでのサービス提供を理解するためには，このような変化を踏まえて，まず複雑な当事者関係を整理しながら，NHSの機構内での各機関の位置付け・役割，サービス提供における当事者関係，あるいはその手法などについて理解する必要がある。つぎにこの点に言及していくことにしたい。

3　医療制度とNHSによるサービス提供

**医療制度の概要
——医師制度を
中心に**

　ここでは，医療保障制度の前提となる医療制度について概観しておきたい。イギリスの医療制度として，その中心にしてもっぱら重要なのは，医師をはじめとした医療関係従事者のための制度である。ちょうど日本の資格法（医師法，保助看法など）に相当するものの，日本とは異なる考え方で構築されている点が重要である。

　イギリスでは，一般的に，どこで医療を提供するか，ではなく，誰が医療を提供するのか，が中心的な関心となる。これはイギリス国内における医療の歴史と密接な関わりを有しており，科学的医療の確立以前から脈々と受け継がれてきた「自生的医療」の展開のうえに制度が構築されてきたことと関係がある。その最大の特徴は，医師が，アングロサクソン特有の意味合いを有する「専門職（profession）」を形成し，国家＝政府ではなく，この専門職によって社会の中で医師の資格の管理が行われている点である。特定の専門的知識や技術に着目する"specialist"や"expert"とは異なり，"profession"は，"profess"＝社会に公言する職として，職業の在り方を当該職業集団の「自律」によって決定している。そして結果的に，医師は，社会的責任を負うことと引き換えに，広範な「診療の自由」を獲得することとなっているのである。ここでは医師制度を中心に概観しておきたい。

医師については，1858年医師法によって創設された中央医師評議会（General Medical Council. 以下，GMCとする）が，現在もなお資格の管理を行っている。この機関は，一般市民の健康と安全を維持増進することを目的として「医療提供の場」への参入規制を行うべく，①教育水準の設定・医師の養成課程に関与し，②医師の登録を行い（医療の入り口），また③医師の懲戒や診療適性の審査を行う（医療の出口）ことで，医療に対して，実質的かつ大きな影響力を及ぼしている。このような考え方と資格の規制方法は，医師に限らず，その他の医療関連職者にも基本的に当てはまる。看護師・助産師には，看護師助産師評議会（Nursing and Midwifery Council：NMC），薬剤師には，中央薬剤師評議会（General Pharmaceutical Council：GPhC）など，各職者には同様の専門職機関が存在し，それぞれの職者の自律を基本としたコントロールが行われている。しかし現在，専門職監督局（Professional Standards Authority for Health and Social Care. 以下，PSAとする）がGMCを含む9つの専門職自律機関等を監督するようになっている。

　他方，このような資格の管理にかかる制度の相違のほか，医師の資格そのものにも違いがある。医師は，教育訓練課程を修了すると，適性の審査を経て，GMCの管理する登録簿への登録を行う。ただし医師については，長らく，日本でいう業務独占は制定法上存在しておらず，当該登録がなければ医業を行えない，というわけではなかった。もともとGMCによるこの登録は名称独占であり，その効果は，相手方の治療費不払いに対する法的な診療報酬請求権の承認や，公的な機関での雇用（NHSでの雇用など），正式な証明書等の発行など，「特権」を付与するにとどまるものであった。

　しかし近年，医師による数々の不祥事とそれに関する調査報告書の指摘により，このような資格法のあり方に大きな変化がもたらされた。上述したPSAの創設はその1つで，資格の管理にかかる大きな変化である。さらに，資格についても，免許（licence to practise）が導入されることとなっている。現在，GMCが管理する登録は4種類存在する。まず，研修医等のための①暫定的登録であり，これを受けて十分な研修を行った後，指導なしで医療行為を行うことのできる②完全登録に移行する。そして，1997年以降，NHS病院の顧問医

(consultant)になるためには，完全登録に加えて，③専門医登録を法的に求められるようになっている。また2006年以降は，NHSのGP診療所（GP Practice）で診療に従事する医師は，完全登録に加え，④GP登録が必要になっている。そして，これらの登録に加え，2009年以降，免許が導入されることとなり，臨床に従事する医師についてはこの取得が義務付けされ，5年ごとの更新にかかる。免許の管理はなおGMCが行うものの，この免許は，現在，日本の医師の免許に相当するものといえる。

NHSの機構——サービス提供責任者とサービス提供者

次に医療保障制度であるNHSの機構について，サービスの提供を軸に見ていくことにする。現在のNHSの提供体制はかなり分権化されており，各種サービス提供機関をはじめとして，責任体制や監督規制機関も，省から一定独立した位置付けで，もはや中央集権的な制度と表現することができないような状況になっていることがわかる。

制定法上，保健大臣は，NHSにおける包括的なサービス提供とそれを漸進させる責任を負う（2006年NHS法1条）。さらに，サービスの質の向上を図る（同1A条）とともに，サービスの不平等の解消（同1C条）等についても考慮しなければならない。このような保健大臣の一般的な提供責任に対して，実務的・実質的に責任を果たしているのがサービス提供責任者であり，その中心に位置付けられるのが，NHSイングランドとクリニカル・コミッショニング・グループ（Clinical Commissioning Group. 以下，CCGとする）である。また，サービス提供責任者との契約に基づきサービスを提供するのが，サービス提供者である。サービス提供者は，プライマリ・ケア・サービスの提供者とセカンダリ・ケア・サービスの提供者とに大別できる。順に見ていくことにしたい（あわせて図表3-1参照）。

NHSイングランド

NHSイングランドは，いわゆるNDPB[10]（executive non departmental public body）として，保健省から一定程度独立した機関となっており，NHSを展開する責任を，保健大臣とともに負っている。形式的には1つの機関であるが，実務的には，4つの地域機関に27の地

図表3−1 現在のNHSの提供体制全体像(概略)

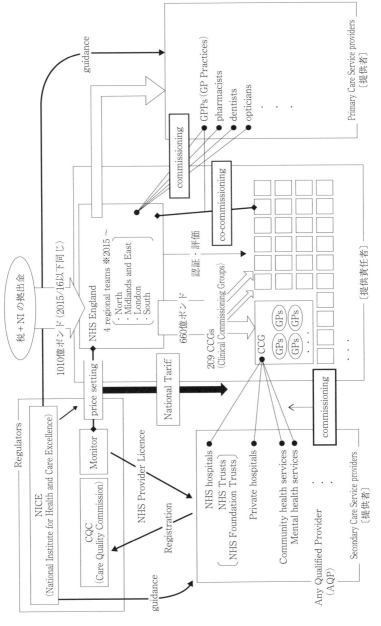

出所:筆者作成

区チームを有するものとして誕生した。2015年からは，地区チームが既存の4つの地域機関に地域チームとして統合されている。それぞれの地域チームは地理的観点から，それぞれの地域におけるサービス確保の責任を負っている。具体的には，保健省が毎年発表する「マンデイト（Mandate）」(年度内に達成すべき目標などが掲げられる）の内容を充足する法的義務を負う。[11]

　NHSイングランドの主要な業務は2つある。1つは，後述するCCGを設置・展開・監督することである。旧制度でのPCTと異なり，CCGは認証が必要となっているため，NHSイングランドはこの設置の責任を負うともに，CCGが果たすべき役割について，支援と監督（評価）を行うことになっている。もう1つの業務は，旧PCTが担っていた，住民へのプライマリ・ケア・サービスの確保および提供の責任である。プライマリ・ケア・サービスの利用は「NHS登録」をもとに行われる。NHSイングランドは，住民との関係で，この「NHS登録」を管理する責任を有している。他方，住民に提供するサービスの確保のため，プライマリ・ケア・サービスを提供する各種サービス提供者との間で契約を締結する契約締結当事者としての責任を果たすことになっている。

クリニカル・コミッショニング・グループ（CCG）　CCGは，2012年法によって新しく設置された法定の機関である。ただし，旧PCTのように設置令に基づき設置される機関ではなく，当該地域のGP診療所がグループを形成し，NHSイングランドの示す基準を充足して認証を得ることで各種権限を与えられることになっている。また，CCGの理事会（必置機関）の構成員は，大部分がCCGを構成するGP診療所のGPとなっている点でも，旧PCTとは異なったものとなっている。現在，イングランド全体で209のCCGが存在している（2015年〜）。

　CCGの主要な業務は，地域におけるセカンダリ・ケア・サービス等の確保であり，提供者との間で契約を締結し，提供されるサービスの評価や契約の履行のチェックなどを行う。

プライマリ・ケアとその担い手　プライマリ・ケアとして提供されるサービスには，①GPサービス，②歯科サービス，③薬局サービス，④眼科サービス，などがあり，サービスを提供する職者の臨床上の判断（医学的見地からの

必要性）に基づく現物給付のサービスを提供している。ここでは，GPサービスについて言及しておくことにしたい。

GPは，原語の示す通り，総合的な医学的診療を行う医師であり，住民にとっては，いわば"ワンストップ医"として機能し，受け持ち患者（診療所に「NHS登録」を行った市民）に対する内科，外科，小児科，精神科，眼科，耳鼻咽喉科，皮膚科等にわたる急性期の診療のほか，慢性期の疾病に対する療養管理など，ありとあらゆる診療サービスを提供している。また，GPは受け持ち患者以外であっても，診療区域内での緊急を要する傷病者に対しては救急医療を提供しなければならない。他方，より専門的な診療の必要性があると判断すれば，病院の専門医または，「専門を有するGP（GP with Special Interest. 以下，GPwSIとする）」などに紹介することで，専門医療（セカンダリ・ケア・サービス）へのゲート・ウェイとして重要な役割を果たしている。この他にも，処方箋の発行，各種検査，予防接種などの他，健康問題に関する相談・助言や，他の保健サービスや福祉サービスへの紹介なども行っている。

GPは基本的に独立開業医である。NHSとの関係では，以前は，単独で開業・診療を行っているGP個人が契約主体となりサービス提供に関する契約を締結していた。しかし現在，多くがパートナーシップ契約の形態等[12]でサービス提供するようになっており，2004年以降は，このような開業・診療形態を前提としてGP診療所を当事者として契約を締結するようになっている。

セカンダリ・ケアとその担い手　セカンダリ・ケア・サービスとは，一般に，病院で提供される，専門的医療サービスを意味している。ただし，入院を伴うサービスに限らず，通院によるサービスも提供されている。市民・患者は，事故救急部門（A&E）や患者輸送サービスによって直接病院に搬送されるような場合を除いて，プライマリ・ケア・サービスの提供者（e.g.GP）による紹介を経ないと利用することができないようになっている。

このサービスの担い手・提供主体は多様化している。紹介を受けて実際にサービスを提供するのは，病院に勤務する専門医や，近年展開されてきているGPwSIである。他方，従来，当該サービスの提供主体の中心はNHSトラスト（NHS Trust. 以下，NHSTとする）といわれる機関であった。しかし，2000年から，

新しい形態である基金トラスト（NHS Foundation Trust. 以下，FTとする）が制定法上規定され，すべてのNHSTはこのFTに移行することとなった（現在までに，大部分は移行してきている）。FTは，従来のNHSTと比べ，中央政府による関与は小さなものとなっており，あわせて財政面でも自由度が高いものとなっていることから，より独立した地位を保持し，これによって，より効率的なサービス提供を行うとともに地域住民に対する責任を求められている。

現在，さらにこのような制定法上の各種機関に加え，民間（営利・非営利）のサービス提供者もサービスを提供できるようになっている。その上で，NHSのサービス提供者として適格を有するものをAQP（Any Qualified Provider）と総称して示す場合がある。

このようなサービス提供主体の多様化を踏まえ，2014年から，NHSにおけるサービス提供者は「NHS Provider Licence」を得なければならなくなった。[13] これはちょうど日本の医療保険における医療機関の指定や介護保険における事業者の指定に類似する効果を有するものと言える。NHS Provider Licence（以下，「指定」）は，具体的には，後述するケア・クオリティー・コミッション（Care Quality Commission. 以下，CQCとする）への登録とモニター（Monitor）といわれる機関の審査を経て，条件を充足した提供者に対して付与されることになっている。

規制監督機関　これまでサービス提供という点を軸に，基本となるサービス提供責任者，サービス提供者についてみてきた。しかし現在，NHSの機構の上で，住民へのサービス提供には直接的に関わりを有しない機関−規制・監督機関−が重要な役割を果たすようになっている点にも注意が必要である。これら規制監督機関はサービス提供に際して，いわばその前提を整え，あるいはサービスの提供を実質的にコントロールすることになる役割を果たすものである。ここでは，前述した「指定」との関係でCQCとモニターについて概観しておきたい。

2008年保健および社会ケア法により2009年に設置されたCQCは，サービス提供者が提供するサービスの安全と質の確保を行う責任を有している。具体的には，病院，GP診療所やケアホーム等，保健医療および社会ケアのサービス

提供者がCQCの設定する最低基準を満たす場合，これらを登録する。そしてこの登録は，後述するモニターの行う「指定」と連動することとなっている。CQCは，情報の収集や立ち入り検査などの権限を有しており，サービス提供者の提供するサービスに関する情報を継続的に収集・評価し，インターネット上で公表している。利用者がこれらの情報をもとに判断できるようにするためである。

　他方，モニターといわれる機関は，2016年からNHS Improvementの一翼を担っている[14]。モニターは，もともと，NHSTを，FTに移行させるための審査・監督を行う機関として2004年に設置された。それが，2012年法による改正を経て，さらに2つの新しい役割を担うことになった。1つは，イングランドでNHSのサービスを提供するすべての提供者について，サービス提供の適格を審査し「指定」を行うことである。もう1つの役割は，NHSイングランドとともに，NHSの下でのサービスの価格の設定を行うことである[15]。「指定」の条件として要求しているサービス提供者からのさまざまな情報などをもとに，また後述するNICEのガイダンスなども考慮して価格設定方法を起案し，NHSイングランドと合意に至ると，全国標準価格表（national tariff）を公表することになっている。

4　NHSと「診療報酬」

NHSの財源と費用の流れ——広義の「診療報酬」　NHSの財源は，約80％が国の一般税収であり，残りを，国民保険（主として年金等所得保障の財源）による拠出金（約18％)[16]と，処方箋薬や歯科診療など，法令等に基づく患者からの一部負担金（約2％）によって確保している。近年，国民保険からの拠出金の割合の増減があるものの，患者の一部負担はなお極めて小さいものにとどまっている。

　ところで，このように確保された費用は，保健サービス方式であるNHSの下でどのように配分・費消されていくのだろうか。NHSにおけるサービス提供の費用の流れ——広義の「診療報酬」——をみるためには，大きく，①サー

ビス提供責任機関間の資源配分（resource allocation）と，②サービス提供責任機関とサービス提供機関との間の「コミッショニング」を理解しなければならない。①は社会保険の制度にはないNHS独自の費用の流れであり，これまでの実務と議論のうえに一定の方法が確立されてきている。これに対して②は，90年代以降の制度改正によって作り出された機構の下で展開されてきた新しい費用の流れである。ここでは，特に，「コミッショニング」といわれるサービス確保の方法とその意義，そして，2012年の法改正で正式に位置付けられることとなったNHS payment systemといわれる，日本の診療報酬類似の制度──狭義の「診療報酬」制度──の理解が重要な意味をもってくる。

資源配分

保健大臣は，毎年，NHSにおいて達成していく目標等を掲げた「マンデイト」を作成し，議会に提出する義務を制定法上負っている。そして，NHSの財源は，基本的に，この「マンデイト」に基づき執行されていくことになる。サービス提供責任機関の間での配分は，大きく，NHSイングランド内での配分（地域チームへの配分）とNHSイングランドから各CCGへの配分とに大別される。2015/16年度は，約1000億ポンド超の費用がNHSのために投下されており，その約60％がCCGに配分されることになっている。

具体的な配分方法（formulae）は，GPや学識等からなる独立した資源配分諮問委員会（Advisory Committee on Resource Allocation：ACRA）の勧告を受けて決定される。いずれも「保健医療の成果の向上と不平等の是正」を目的として行われることとなっており，管轄する地域における住民の規模を基本としている。現在のCCGへの配分方法をまとめると，図表3−2のようになる。

各CCGへの配分は大きく4つの要素を考慮する。①前年度の配分実績，②加重人頭目標値（weighted capitation targets），③目標値の達成度，④目標達成の速度である。とくに，②は，加重人頭方式（修正人頭方式）によって算定されるもので，CCGを構成するGP診療所に登録されている人数を基本としながらも，単純な人頭割計算ではなく，年齢的要素やさまざまなニーズ・保健上の不平等，地理的観点から必要とされる経費などを考慮に入れ，さらにサービス・コンポーネントごとの割合も考慮に入れ，地域間でより「公正な配分」を行う

図表3-2　CCGへの資源配分方式

「保健医療の成果の向上と不平等の是正」
　4つの考慮要素：
┌─①前年度配分実績（recurrent baseline）
│　②加重人頭目標値（weighted capitation targets）
│　　──責任を負う地域住民の保健医療ニーズに基づき資源の公正配分を期するもの
│　　　←"Weighted Capitation Formula"（全国）により算出される
│　　　基本は当該CCGを構成するGP診療所に登録されている市民の数＋(ア)～(ウ)による修正
│　　┌(ア)年齢要素　──　地域の人口構成的要素
│　　│(イ)付加的ニード　──　年齢要素の考慮の上に反映される関連する保健医療ニーズ
│　　│(ウ)必要経費　──　サービス提供の上で地理的観点から特別に必要となる費用
│　　　その他、下記点をそれぞれ考慮
│　　　　病院サービス＋地域保健サービス　　：約76％
│　　　　処方箋薬　　　　　　　　　　　　　：約12％
│　　└──プライマリー・メディカル・サービス：約11％
│　③目標値の達成度
│　　──①と②との差分を考慮
└─④目標達成の速度

出所：筆者作成

ことを目標としている。CCGには，このような複数の要素から算定された総額が一括して配分されることになっている。

　なお，この計算方法は随時変更が行われており，2016/17年度の配分はさらに新しい方法が提示されている。

コミッショニングと狭義の「診療報酬」

（1）コミッショニングとは　もう1つの費用の流れを理解するためには，コミッショニングといわれる，サービス確保のための手法を理解しなければならない。初期には，サービス確保の契約手法を指してこの用語を用いる場合があった。しかし現在は，「保健および社会サービスが住民のニーズに合致するよう効果的に提供されることを保障する（ensure）過程をいう」とされている。単に契約することを意味しているわけではなく，契約を中心として，その前段階としての，住民ニーズの捕捉・計画・優先順位の設定や，契約後の，提供されたサービス

の評価を含めた一連の活動全体を捉えて，コミッショニングという。

　サービス提供責任機関は，サービスの提供に際し，このようなコミッショニングを行う制定法上の責任を負っており，現在のNHSの提供において，鍵となる概念・手法となっている。旧制度においては，PCTという地方の機関が，プライマリ・ケア・サービスおよびセカンダリ・ケア・サービスの両方について（地理的観点から）コミッショニングを行っていた。ところが，地域の臨床ニーズの判断とサービス確保は臨床医が行うのが良いという考えから，CCGという主として地域におけるGP診療所のGPからなる機関がコミッショニングを行うことになったため，コミッショニングの機能が2つの責任機関に分離されることとなっている。その結果，①NHSイングランドがプライマリ・ケア・サービスのコミッショニングを行い，②CCGが，セカンダリ・ケア・サービスのコミッショニングを行うこととなった。ここでは，それぞれのコミッショニングに沿って，提供者への報酬の支払いを中心にみていくことにしたい。

　(2)　プライマリ・ケア・サービスのコミッショニングと「診療報酬」　プライマリ・ケア・サービスのコミッショニングについては，NHSイングランドが責任を負っている。具体的には，NHSイングランド内の地域チームが，各管轄地域内のニーズを捕捉し，プライマリ・ケア・サービス提供者と契約を締結してサービスの確保を図ることになる。ここでは，プライマリ・ケア・サービスの中からGPサービスに着目してみていくことにしたい（**図表3-3**）。

　プライマリ・ケア・サービスのコミッショニングでは，確保するサービスによって異なる契約が用いられる。最も一般的なGPサービスの提供は，GMS契約（General Medical Service Contract）に基づくもので，NHSイングランドと個々のGP診療所との間で締結される。NHS employersというNHSを代表する機関と，英国医師会の中のGP委員会とが，全国的な交渉を行って標準的な契約を作成することになっており，各地域の現場では，この標準的契約を用い，NHSイングランドを一方当事者にし，たとえば，互いにパートナーシップ契約を結んでGPサービスを提供しているGP診療所の場合は，当該パートナーシップがもう一方の当事者となり，契約を締結することとなる。GP診療所が提供すべきサービスの内容および受け取る報酬は，このGMC契約によって決

図表3-3 プライマリ・ケア・サービスのコミッショニングと「診療報酬」
～GPサービスの場合

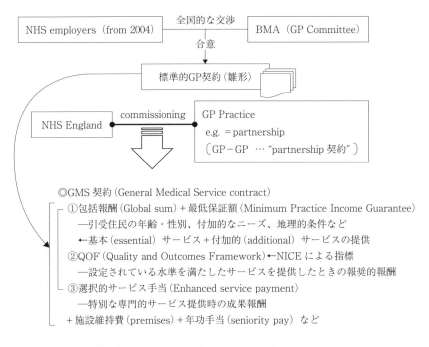

出所：筆者作成

定されることになる。次に，GMS契約に基づく，GPの報酬算定方法について
みておくことにしたい。

GMS契約に基づいて提供することになるサービスは，大別すると4つある。
「基本サービス（essential service）」はGPサービスの中核をなすものであり，契
約を締結する診療所が必ず提供しなければならないサービスとなる。「付加的
サービス（additional service）」は，子どものワクチン接種や予防接種などのサー
ビスであり，特段の事情がない限り提供されるものである。「選択的サービス

(enhanced service)」および「地域的サービス(community-based service)」はそれぞれのGP診療所が提供するか否かを選択することのできるサービスである。そしてこのようなサービスに対応する形で,「診療報酬」の要素が定められている。①包括報酬(global sum)と最低保証額(Minimum Practice Income Guarantee：MPIG)は,「基本サービス」と「付加的サービス」の提供に対応する区分で,GP診療所が登録している患者の引き受け(年齢,性別等に応じた)に伴い想定される業務量や必要経費をもとに算出される。②QOF (Quality and Outcomes Framework)は,設定されている水準を満たしたサービスを提供したときの報奨的報酬であり,③選択的サービス手当(enhanced service payment)は「選択的サービス」や「地域的サービス」を提供するときに支払われる成果報酬である。診療所が受け取る報酬のうち,①が約60％,②が約15％,③が約15％となっており,これ以外に,施設維持費,年功手当(GMCに登録されてからの経験に応じた報酬)などが状況に応じて上乗せされる。

　(3)　セカンダリ・ケア・サービスのコミッショニングと「診療報酬」　セカンダリ・ケア・サービスのコミッショニングは,サービス提供責任者であるCCGが,サービス提供者であるAQPとの間で,NHS契約を締結して行う(図表3－4)。

　そして現在,このコミッショニングのプロセスにおいて,前述したモニターが公表する全国標準価格表を用いて交渉を行うようになっており,これがNHS payment system,すなわち狭義の「診療報酬」制度の中核をなすものとなっている。

　セカンダリ・ケア・サービスへの支払は,かつて,年間定額予算方式(block payment)といわれる形で行われていた。しかし,サービスに対する対価という意味での報酬的な意味合いが希薄なうえ,想定と実際に乖離が生じやすく,サービス提供のインセンティブ等も働きにくいものであった。そこで,2002年より,臨床的に同質性をもち同じ量の資源を費消することになる治療や活動をグループ化した,イギリス独自のHRG (health resource groups)という診断群分類に基づいて全国標準価格を設定し,サービス提供者が実際に提供したサービスの量に応じて支払を行うPbR (payment by result)となっている。

図表3-4 セカンダリ・ケア・サービスのコミッショニングと
（狭義の）「診療報酬」制度（NHS payment system）

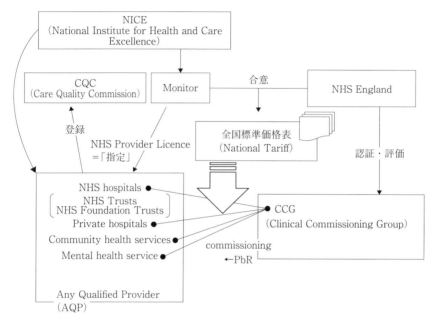

出所：筆者作成

　サービス提供責任者は，全国標準価格表に記載されているサービスについては，これに基づいてコミッショニングを行う必要がある。しかし，実際に，全国標準価格表とは別に，当事者間の交渉を前提とした，地方で設定可能な3種類の価格が認められている[19]。まず，①サービス提供責任者とサービス提供者との合意により行う，全国標準価格表の地方修正版価格（local variation）である。この価格の設定については，モニターによる承認は不要であり，公表さえ行えばよいことになっている。次に，②地方の実情を踏まえ，価格の増額を行うlocal modificationである。これはモニターによる承認が必要である。最後に，③当事者間の交渉によって地方ごとに設定されるサービス価格であるlocal pricesである。これは全国標準価格が設定されていないものについてだけ設定

が認められることになっている。

イギリスでの「診療報酬」の意義

NHSの提供体制はこれまでに大きく変化を遂げており、サービス提供責任機関とサービス提供機関との分離、規制監督機関の創設など、中央集権的な制度というよりはかなり分権化が進んだ形になってきている。また、サービス提供責任機関については、中央の目標設定に対して、地方における計画立案・サービス確保機能である、コミッショニングが鍵を握るようになってきている。他方、サービス提供者についても、従来のNHSから分離した医療提供機関はより独立した形態（FT）に移行し、また提供機関の多様化によって民間を含めたさまざまな提供主体がNHSでのサービス提供を担うようになってきている。そのため、それを規制・監督する機関も、NHSにおいて重要な役割を果たすようになっているところである。

では、このようなサービス提供機構の変化と現在の提供構造にあって、「診療報酬」はどのような意義を有し、また役割を果たしているのだろうか。NHS独自の費用の流れであるサービス提供責任機関間の配分においては、その根底になお「効率化」の要請があるにせよ、不平等の是正や資源の公正な配分という目標が、より明確になってきている点を看取すべきであろう。NHSが創設され、今日まで受け継いできた制度の理念を体現すべく、この資源配分は常に変化をし続けてきている。

また、制度改正による機構の変化に伴い、資源配分とは異なる、コミッショニングにおける「診療報酬」が今日、ますます重要性をもってきている。この仕組みでは、医療機関、とりわけ、プライマリ・ケア・サービス提供者であるGPなどは、提供するサービス内容を踏まえ、（場合によっては個別交渉を経て）契約に基づき医業報酬を支払われることになるため、日本などの診療報酬とは、なおかなり異なった論理・仕組みとなっている。セカンダリ・ケア・サービス提供者については、診療報酬類似の公定価格が設定されるに至り（狭義の「診療報酬」制度）、これが近年のNHS改革の目玉の1つであるとされる。狭義の「診療報酬」制度の導入は、NHSの特徴である、臨床上の必要に応じたサービスの提供＝医師によって決定されることが、結果として、住民へのサービスの質の

問題やアクセスの地域間格差を生じさせることになっており，直接的には，この解消を目して行われた。ただし，現在までのところ，日本のような意味でのサービスの規整を行うまでのものとはなっておらず，配分基準としての役割しか果たしていない。

　しかし，この狭義の「診療報酬」制度の意義は，NHSと医療制度との両方にまたがって，より大きな視点からも理解されなければならない。実は，この改革の背景となっていた，医師によるいくつかの事件，およびこれら事件に関連する調査報告書を読み解くことで，その別の側面，意義を理解することができる。

　1990年代後半頃，次々と医師による事件，スキャンダルが明るみに出た。中でもこの「診療報酬」の展開とより密接な関わりを有するのがブリストル病院事件であった。これは，1984年〜1995年にブリストルの勅許病院で心臓手術を受けた多くの乳幼児が死亡した事件で，他と比べて異様に高い死亡率が指摘され，内部告発で顕在化することとなったものである。当該事件の調査では，イギリスで著名な医事法学者が座長を務め，1998年〜2001年まで審理が行われ，その結果は，2000年の中間報告書，2001年には最終報告書としてまとめられている。[20] この事件の審理はNHSに関するものとしては異例の規模で行われたといわれ，これが「診療報酬」制度を含めたその後のNHS改革に大きな影響を与えた。

　ブリストル事件のポイントの1つは，医療の質，という点にあった。そして，この点について同報告書の言葉を借りれば，NHSでは「医療の質を保障し監視する制度が不十分だったのではなく，実のところ，そのような制度は存在していなかった」という。[21] NHSは，資源配分を通じて提供側がどの程度の医療保障を行うか（の大枠）を決定することにはなっても，具体的にどのような医療を提供するのか，医療そのものの提供を規定するものではない。そして実際，内部市場が導入されるまでは，臨床上の必要性を判断するのも，また，NHSの中でのマネジメントも，実質的には医師が決定的な影響力をもっていた。ところが，医療に決定的な影響力を行使する医師を監督するのは，長らくGMCという専門職による自律機関のみであり，専門職としての「医師の適性」を基本に，

臨床的な観点からの監督を行うに過ぎなかった。また，その他の診療上のチェックや監査も，事後的に，病院等においてそれぞれ行われるにとどまっていた。結局，NHSは資源配分の責任を負い，ゆえに治療される患者の「数」に関心を寄せるものの，医療の質や臨床上の問題，責任はそれぞれの病院や，医療制度の実質を担ってきた専門職にあると考え[22]，これに積極的に切り込んでこなかったのである。また他方で，歴史的経緯から「診療の自由」を獲得し自律によって質の確保を図ってきたはずの専門職は，内輪の論理で社会的な責任を果たしきれない状況になっていることが，改めて浮き彫りにされた。そこで，このような両者の齟齬ゆえにないがしろにされつつあった，患者にとっての医療の質を確保する手立てを，NHSのガバナンスの確立として講じる必要性に迫られることとなっているのである。これが，狭義の「診療報酬」制度の意味であり，イギリスにおける医療制度のあり方および医療制度とNHSとの関係の変容の象徴として捉えるべきものといえる。

NHSの費用にかかるその他の機関

ところで，診療報酬制度には，サービスの対価としての報酬支払方式，という意味合いとともに，サービス規整——とりわけ，給付の範囲の画定——の機能がある。そこで，最後にイギリスにおけるサービスの規整について言及しておくことにしたい。NHSにおいて，給付の範囲を確定し医療サービスの提供を実質的に規律しているのは，NICE (National Institute for Health and Care Excellence) という機関である。NICEは，1999年に設置され，これまで2回の法改正を経て，現在に至っている[23]。NHSで提供される医療サービスの質の確保や利用可能性の地域差をなくすために設置され，その業務は，NHSにおける最良の「費用対効果」を提供する医薬品，治療方法，製品などを判断するための，証拠に基づく指針（ガイダンス）を示すことにある[24]。もっとも，法令上は，医師の臨床判断が優先することにはなっている。しかし，臨床判断を優先させても，後に請求し，費用が償還されない場合があるため，現実的には，極めて強力な効果を有するということができる。

NICEが発するものには，大きくガイドラインとガイダンスが存在する。ここでは，ガイダンスの1つである，NICE技術評価ガイダンス（technology appraisal guidance）を例に，若干敷衍しておきたい。技術評価ガイダンスは，新しい薬剤や技術などにつき，臨床上の効果や，とくに費用対効果という経済的観点から，推奨（Recommended）／一定の患者については利用可（Optimised）／治験用途に限定（Only in Research）／非推奨（Not Recommended）というランク付けを行う[25]。NHSのサービス提供責任者等の機関は，当該ガイダンスが発行され「推奨」ということになると，原則3カ月以内に利用できるようにしなければならず，他方，「非推奨」となると，例外的条件が認められない限り，提供者がサービスを提供しても提供責任者は費用を償還しないため，事実上NHSでは利用することができなくなる[26]。このように，NICEのガイダンスは，発行されると，利用する方にも，しない方にも，一定の事実上の効果を発することとなり，給付の範囲は実質的な影響を受けることになっている。

　ここで，このNICEの役割など踏まえ，NHSにおける「診療報酬」と給付の範囲に関係する1つの問題を簡単に指摘しておきたい。Top-up fee, top-up paymentsと表現される問題で，日本での混合診療の問題に相当するものである。イギリスでは一般的に大部分の者がNHSを利用している。しかし他方で，民間の医療保険を利用する私費診療も存在しているため，ここにNHSによる給付（公的給付）の内外の問題が生じることになっている。具体的には，NHSのサービスを利用しながら，NICEのガイドラインによってNHSでの使用を推奨しないとされている，たとえば，高価な抗がん剤などについて，当該薬剤の使用の部分にかかる支払のみを患者が行うというような場合に問題が生じてきていた。当該NICEの非推奨薬剤使用をめぐる取扱いについて，現実的な対応が旧制度の下で各PCTによってさまざまであったことなどもあり，現にいくつかの訴訟事案も存在している[27]。この点につき，裁判例などを契機として議論が行われ，NHSでも原則禁止であった，いわゆる混合診療が，結果として，現在一定の条件の下で認められるに至っている[28]。

【参考文献】

柏木恵（2014）『英国の国営医療改革――ブレア＝ブラウン政権の福祉国家再編政策』日本評論社

堀真奈美（2016）『政府はどこまで医療に介入すべきか——イギリス医療・介護政策と公私ミックスの展望』ミネルヴァ書房

松本勝明編著（2015）『医療制度改革——ドイツ・フランス・イギリスの比較分析と日本への示唆』旬報社

【注】

1） 2006年以来，NHSイングランド，NHSスコットランド，NHSウェールズ，NHS北アイルランドに分かれている。本章では，特段の断りのない限り，イングランドの制度について言及する。

2） イギリスでは，"Social Security"は「所得保障」を意味し，日本でいう「社会保障」とはニュアンスが異なる点に注意を要する。

3） ちょうど日本の国民健康保険の被保険者資格に近いものである。①滞在の適法性，②自発的意思による滞在，③定住意思の存在，から判断され，概ね6カ月以上の滞在の場合に認められることになっている。

4） HC11およびHC12（簡易版）というパンフレットが発行されており，市民は容易に入手することができる。これらには具体的な費用のほか，費用負担免除についての説明も記載されている。

5） 現在の根拠法は，数々の改正を経た1983年医師法（Medical Act 1983. 以下，医師法とする）である。GMCはもともとは医師のみによって構成されていた。現在までの改革で医師以外の構成員が一定の数を占めるようになっている。なお，認証労働組合である医師会（British Medical Association：BMA）とは全く別の組織である。

6） 2012年保健及び社会ケア法（Health and Social Care Act 2012. 以下，2012年法とする）による改正を経て現在に至る。

7） 制定法上，業務独占が規定されているのは獣医（Veterinary Surgeons Act 1966 c.36, 19条）であり，歯科（Dentists Acts 1984 c.24, 38条）と眼科（Opticians Act 1989 c.44, 24-26条）について同様の規定が存在する。

8） 医師法49条。

9） 同6章。

10） 法令上はNHSコミッショニングボード（NHS Commissioning Board）である（2006年NHS法1H条）。2013年4月から名称を変更している（通称）。本章では，NHSイングランドという通称を用いる。

11） 2006年NHS法13A条。

12） パートナーシップ契約については，GPC, Partnership Agreements：Guidance for GPs, BMA（2014）など参照。

13） ただし，プライマリ・ケア・サービス提供者等については，現在までのところ適用除外となっている。

14) NHS Trust Development AuthorityやPatient Safetyといった機関とともに，NHSサービス提供者の監督を行うこととなっている．
15) 2012年法115条以下．
16) NHSの財源の確保のために国民保険による拠出金が充てられているが，上述したとおり，これが個々の市民のNHSサービスの利用資格に影響を与えることはない．
17) プライマリ・ケア・サービスのうち，GPサービスのコミッショニングについては，制定法上の責任にもかかわらず，2015年から，条件を満たしたCCGが，協同コミッショニング（co-commissioning）という形で行うようになっている．
18) かつては個々の医師との間で当該契約が締結されていた．現在は診療所が基準となっている．また，医師による医療の提供に関しては，GMS契約が全体の約60％を占めている．このほか，PMS契約（Personal Medical Service Contract）が約40％で，例外的なAPMS契約（Alternative Provider Medical Service Contract）なども存在する．
19) 2012年法116条，124条，125条．
20) Ian Kennedy, Learning from Bristol: The Report of the Public Inquiry into children's heart surgery at the Bristol Royal Infirmary 1984-1995 (Cm5207, 2001). また，政府のLearning from Bristol: the Department of Health's response to the Report of the Public Inquiry into children's heart surgery at the Bristol Royal Infirmary 1984-1995 (Cm5363, 2002) なども参照．
21) Kennedy, op. cit., p.6, para 30.
22) Kennedy, op. cit., p.303, para 2.
23) 当初はNHSの特別保健当局（special health authority）であり，名称もNational Institute for Clinical Excellenceであった．その後2005年にHealth Development Agencyを吸収し，公衆衛生の指針も作成するようになり，名称をNational Institute for Health and Clinical Excellenceと改めた．そして現在，2012年法でNDPBと位置付けられる（232条以下）とともに，福祉の領域の指針も作成するようになった．
24) 2012年法233条以下．
25) 2000年から2014年までの，各ランクのそれぞれの割合を，細かな区分を無視して技術評価ガイダンス全体でみてみると，推奨が62％，そして一定の患者には利用可が18％となっており，非推奨は15％となっている．
26) ただし，個人としての医師は，臨床上の判断を行ううえでガイダンスを十分尊重しなければならないものの，当該ガイダンスは医師の責任，すなわち，知識や技術を拒否するものではなく，非推奨はイコール禁止ではない，とされている．Legal context of NICE guidance, NICE (2004), pp.3-4.
27) たとえば，R (Ann Marie Rogers) v Swindon Primary Care Trust and the Secretary of State, COURT OF APPEAL (CIVIL DIVISION), [2006] EWCA Civ 392, R (on the application of Otley) v Barking and Dagenham Primary Care Trust, QUEEN'S BENCH

DIVISION (ADMINISTRATIVE COURT), [2007] EWHC 1927 (Admin).
28) 原理的にはNHS（の公金）が私費診療を補助することになってはいけない，としつつ，私費診療とNHSサービスの利用とを，できる限り明確に，とくに，場所的，時間的に区別して実施する場合は，私費診療を行ってもNHSの資格を奪われない，という取扱いを保健省が示すに至っている。M. Richards, Improving Access to Medicines for NHS Patients: A Report (2008) と，これに対する保健省の対応 DoH, Guidance on NHS patients who wish to pay for additional private care-A Consultation (2009) 参照。

第4章 アメリカ

石田道彦

1　メディケアの概要

本章の検討対象　2010年に成立した医療制度改革法 (Patient Protection and Affordable Care Act. 以下, ACAとする) により, アメリカにおいても全国民を対象とした医療保障体制の整備が開始されたと広く理解されている。もっとも同法は, 民間保険加入者の拡大やメディケイド (低所得者を対象とした医療扶助制度) の適用対象者の拡充などの諸施策を通じて無保険者の解消を図るものであり, 他の先進諸国においてみられるような国民の大半をカバーする統一的な医療保障制度の構築は予定していない。このため, ACAの実施後も公的医療保障制度 (メディケア, メディケイドなど) や各種民間保険では, DRG (diagnosis-related groups) を用いた包括払い方式や人頭払い方式などさまざまな方法で診療報酬の支払いが行われている。

　本章では, 高齢者を対象とした公的医療保障制度であるメディケアの診療報酬制度を検討対象とする。メディケアは, 2014年の時点でアメリカの総医療支出の約20％を負担しており, 政府や民間による医療保険の中でも最も規模の大きな制度となっている。現在メディケアは, パートAからパートDまで4つの制度から構成されているが, 本章ではパートA (入院医療) とパートB (医師の診療サービス) の診療報酬をとりあげる。これらの制度におけるDRG-PPS (diagnosis-related groups/ prospective payment system) やRBRVS (Resource-Based Relative Value Scale) といった仕組みは, アメリカ国内の民間保険だけでなく, 社会保険方式を採るアメリカ以外の国の診療報酬制度にまで影響を与えてお

り，その制度上の位置付けや改革動向を明らかにすることには一定の意義があると考えるためである。

パートAとパートB　メディケアは1965年に創設された公的医療保障制度であり，65歳以上の高齢者（65歳未満の障害者や終末期腎疾患患者を含む）を対象に医療給付を提供している[3]。

2015年の時点で約5550万人がメディケアの受給者となっている。ベビーブーマー世代の高齢化により受給者は増加し，2030年には約8000万人になると予想されている[4]。メディケアの給付費も今後増加し，議会予算局（Congressional Budget Office）の推計では2015年の時点で6320億ドルの給付費は2025年には約1.2兆ドルの規模になる見込みである[5]。

メディケアは，入院医療給付（パートA），医師による診療サービス給付（パートB），メディケア・アドバンテージ・プラン（パートC），外来の処方薬剤給付（パートD）の4つの制度から構成されている。本章で扱うパートAおよびパートBはメディケアの創設当初から存在する制度であり，オリジナル・メディケアと呼ばれる。

アメリカでは，開業医が病院に患者を入院させ，その病院の施設を利用して治療を行うことが一般的である。このため，医師の診療サービス費（いわゆるドクター・フィー）と，病院での入院医療費（いわゆるホスピタル・フィー）が明確に区別されている。メディケアのパートAは入院医療を主な給付対象とし，パートBは，病院や診療所における医師の診療を保険給付の対象としていることから，これら2つの制度は，それぞれホスピタル・フィーとドクター・フィーに対応した制度であると理解されている[6]。

パートAは，入院医療に加えて，短期の専門介護施設への入所，在宅医療の一部，ホスピスなどを給付の対象としている[7]。パートAの財源の87%（2014年）は，被用者と事業主，自営業者が負担する社会保障税（payroll tax）である。徴収された社会保障税は，連邦政府の一般予算から独立した会計制度である病院保険信託基金において管理され，65歳以上の受給者の医療給付と積立金に充てられる。

被用者と事業主は，メディケアのための社会保障税として給与の1.45%をそ

れぞれ負担する。自営業者の場合には所得の2.9％に相当する額の支払いが求められる。パートAの受給資格は，少なくとも40×四半期の期間，社会保障税を支払うことで発生する。受給資格を満たした者が65歳以降に新たに保険料を負担する必要はない。

パートBは任意加入の社会保険であり，医師等による診療や臨床検査，在宅医療などを給付の対象としている。パートBの保険料は月額121.8ドル（2016年の時点で，個人で年収8万5000ドル以下の場合）であり，パートAの受給者の約92％がパートBに加入している。パートBの給付費は，加入者が負担する保険料（25％）と一般財源（73％）によって賄われており，補足的医療保険信託基金が管理している。

連邦保健福祉省に設置されたCMS（Centers for Medicare and Medicaid Services）が，診療報酬の改定や支払いなどメディケアの運営を担当している。

2　メディケア・パートAにおける診療報酬

|パートAにおける診療報酬制度の沿革|

1965年のメディケア創設当初は，パートAによる入院医療費に関して，患者の診療に実際にかかった費用を補填する方式がとられていた。メディケア創設のために社会保障法改正案を成立させるためには，アメリカ医師会など医療関係団体の協力を得ることが不可欠であった。このため，メディケアは政府が医師の診療上の裁量に介入しない制度として作られた。実費補填方式はこのような制度設計に基づくものであり，社会保障法には「合理的で必要な」医療に関して費用償還を行う旨の規定が置かれた。[8] 診療報酬の支払いをうけるため，メディケアの指定病院は，医療財政庁（Health Care Financing Administration: HCFA）（CMSの前身）に対して費用報告書（cost report）を提出していた。

しかしながら，1970年以降，メディケアの入院医療費は急速に増大し始め，それと同時に実費補填方式で支払われる医療費の地域間格差が問題視されるようになった。そこで，これらの問題に対応するため，1970年代から新たな診療報酬支払システムの開発が開始された。これは，医療資源の分析を目的として

開発された診断群分類（DRG）に包括払い方式（prospective payment system）を組み合わせるというものであった。DRGは，入院医療におけるさまざまな症例を診断や処置，病名などに基づいて約450（現在は753）のコードに分類したものである。

ニュージャージー州での試行結果を踏まえ，1983年の社会保障法改正により，DRGを用いた包括払い方式（DRG-PPS）がパートAの新たな診療報酬支払方式として導入された[9]。DRG-PPSでは患者の入院1件ごとに1つのDRGが割り当てられ，DRGに基づいて入院医療費が支払われる。DRG-PPSの導入後，1987年までパートAにおける医療費の伸びは一時的に抑制されたため，画期的な支払方式として注目されることとなった。

DRG-PPSを用いた診療報酬体系　（1）DRG-PPSの基本構造　DRG-PPSの導入以降，パートAで用いられるDRGにはさまざまな修正が加えられており，2008年10月からCMSはメディケア重症度DRG（Medicare Severity-DRG. 以下，MS-DRGとする）と呼ばれる分類方式を用いている。現在用いられているMS-DRGは，基本となる335のDRGからなっており，その大半が併存疾患や合併症の状況によってさらに細分化され，全部で753のDRGから構成されている。

DRGでは，入院から退院までの期間において同程度の医療資源を必要とし，治療の対象となる体の部位や治療方針の近い症例が同じ分類コードに位置付けられる。各DRGには相対係数（relative weight）が設定されている。これは，各DRGに対応した入院医療サービスに必要な平均的コストを反映した数値であり，多くの医療資源を必要とするDRGには高い数値が設定されている。たとえば，2015年の時点においてMS-DRG002（心臓移植）の相対係数は15.6820であるのに対し，MS-DRG90（脳震盪）の相対係数は0.7353である。

DRG-PPSでは基準報酬額（base-payment rate）に各DRGの相対係数を乗じることで，入院1件についての診療報酬額が算出される（図表4-1参照）。診療報酬額の算出基準は，効率的な運営を行う標準的な病院の診療費用に対応したものとなるように定められており，1入院あたりの診療費用がこれを超過する場合，病院側に負担が発生することになる。

基準報酬額は「運営に関わる基準額（operating base-payment rate）」と「資本コ

図表 4-1　DRG-PPSの算定方法

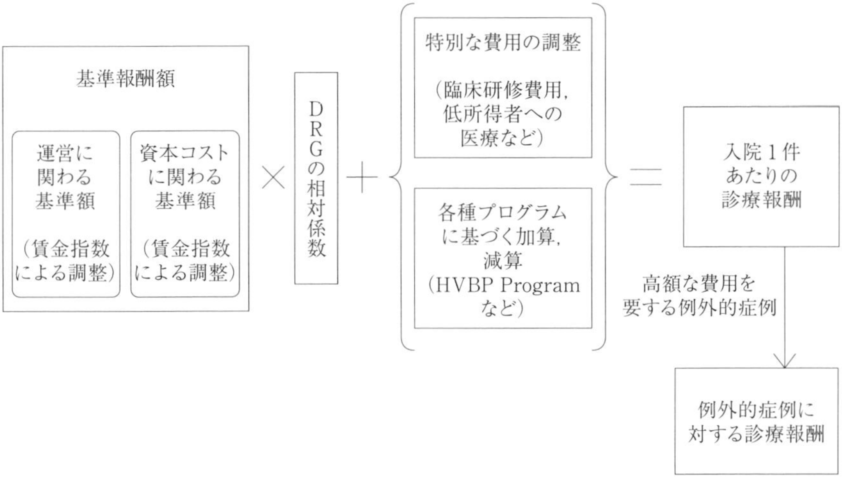

出所：MedPAC, Hospital Acute Inpatient Services Payment System をもとに筆者作成

ストに関わる基準額」に分けられる。「運営に関わる基準額」は，人件費部分（labor-related portion）と人件費以外の経常経費（non-labor-related portion）から構成されており，人件費の地域差を反映させるために，人件費部分は地域の賃金指数によって調整される。ハワイ，アラスカで運営される病院に対しては，人件費以外の経常経費についても生計費調整が行われる。「資本コストに関わる基準額」には，原価償却費用，利子，建物の賃貸費用，保険，税などが含まれており，地域の賃金指数に基づく調整がなされる。2016会計年度における基準報酬額は「運営に関わる基準額」が5446ドル，「資本コストに関わる基準額」が438ドルである。

(2)　研修病院などに対する特別費用　　次の①から④に該当する場合，診療報酬額に調整的な加算が行われる。

①病院がレジデントに対して臨床研修を実施している場合，研修プログラムの実施に必要な費用がメディケアから補填される（Direct Medical Education）。また臨床研修に伴う間接的な費用を賄うために，病床ごとのレジデントの

人数に応じて病院の運営費用に加算が行われる（Indirect Medical Education）[11]。

②一定の低所得者に対して医療を提供している場合，病院の運営費用と資本コストに特別な加算が行われる（Disproportionate Share Hospital Payment）[12]。

③近隣に病院がない地域で病院経営を行っている場合，運営費用に特別な加算がなされる（Sole Community Hospitals）[13]。

このほかに，病院が相応の努力をしたにもかかわらず患者から回収できなかった一部負担金については，その65％が補填される。

(3) 医療の質の向上等を目的とした各種プログラムに基づく加算，減算　ACAに基づいて2013年からメディケアでは，医療の質の向上などを目的とした複数のプログラムを実施している。各プログラムにおける評価に基づいて病院に対する診療報酬額に加算，減算の措置が行われる[14]。

HVBPプログラム（Hospital Value-based Purchasing program）は，メディケア指定のほぼすべての急性期病院を対象とした事業であり，患者の満足度，診療プロセス，効率性，治療の成果に関する各病院のパフォーマンス・スコアに基づいて診療報酬額に加算，減算がなされる。こうしたインセンティブに基づく支払いのためにプールされる費用は，急性期病院の運営費に対する診療報酬総額の1.75％（約15億ドル）である。

再入院抑制プログラム（Hospital Readmissions Reduction program）では，心筋梗塞，心不全，肺炎などの疾病による入院患者が退院から30日以内に再入院する割合が全国平均を上回る場合，診療報酬額の3％を上限に減額がなされる[15]。

(4) 例外的症例に対する診療報酬　DRG-PPSは入院1件ごとの包括払い方式であり，1入院あたりの診療費用がDRGに基づく診療報酬額を超過した場合には病院側に負担が発生することになる。もっとも，患者の症例の中には医学的にみてDRGの分類が適切にあてはまらない事例もありうる。このため，診療費用が所定の閾値を超えた場合，高額の医療費が必要な例外的症例（outlier）として扱い，これに対応した診療報酬を病院に支払うことになっている[16]。例外的症例に対する支払い分の費用は，パートAの基本報酬総額を減額することで捻出される。したがって，例外的症例に対する支払件数が増加しても，メディケアの給付費総額は変化しない。2015年における例外的症例に対す

る支払い総額は，メディケア給付費の5.1％に相当するとされている。

(5) 新しい医療技術に対する診療報酬　2000年に行われた法改正により，一定の新しい医療サービスや医療技術が用いられた場合には，メディケアが追加的に診療に要した費用の一部を負担することとなった。[17]　ただし，こうしたサービスや技術は，次の条件を満たすものでなければならない。[18]①当該サービスや技術に新規性があり，既存のサービスや技術と実質的に同様のものではないこと，②当該サービスが高額であり，DRGに基づく診療報酬額のままでは十分な支払いがなされないこと，③当該サービスは患者に対する治療や診断を実質的に改善するものであること。

追加的に支払われる診療報酬額は，(i)DRGに基づく報酬額よりも高額な新技術に係る費用の50％，または(ii)DRGに基づく支払額と実際の入院費の差額の50％のうち，少ない方の費用となる。

DRG-PPSにおける診療報酬請求

(1) DRG-PPSに基づく請求の審査　DRG-PPSにおける診療報酬請求は次のように行われる。

①病院に配置された医療記録の管理を担当する専門職員は，退院患者の症例に対して診断・処置コードを割当てる作業を行う。病院は，割当てが完了したデータを専門事業者（Medicare Administrative Contractor. 以下，MACとする）に送る。MACは，診療報酬の審査業務のためにCMSが全米の15地域において選定した民間業者であり，パートBの審査業務も担当する。[19]

②専門事業者は，受けとった請求データの審査を行い，Grouperと呼ばれるプログラムを用いて，病院から請求のあった症例を753のDRGコードのいずれかに分類する作業を行う。専門事業者は，DRGへの分類が完了したデータファイルをCMSに提出する。

③CMSは，各DRGに分類された請求データをもとに診療報酬の支払いを行う。CMSは事後点検のために事業者（Recovery audit contractors）と契約を締結しており，事業者はデータ分析を中心に不適切な請求がなかったかを検査する。

④メディケアから支払いを受けた病院は，1年間のコストレポートを作成し，DRGに基づく診療報酬額が実際の費用に対応したものとなるように

CMSにデータを提供する。コストレポートの作成は，患者から回収できなかった一部負担金などの補填費用を請求するためにも必要となる。

(2) 保険適用に関する個別的判断　特定の医療サービスの保険適用が不明確である場合，CMSは全国レベルでメディケアによる保険適用に関する判断 (national coverage determinations. 以下，NCDsとする) を示すことができる[20]。CMSは，NCDsのために専門組織 (Medicare Evidence Development & Coverage Advisory Committee) を設置しており，各種資料をもとに問題となるサービスの安全性，効果，適切性などを審査し，それらが合理的で必要なものであるかを判断する。CMSは毎年10件から15件のNCDsを公表しており，これらは，パートA，パートBの請求審査業務を担当する専門事業者 (MAC) の判断を拘束することになる。CMSがNCDsの公表を通じて保険適用の可否について判断を示していない場合，専門事業者は自らの管轄地域のみに適用される独自の判断を示すことができる (local coverage determinations)。

メディケア診療報酬に関する諮問機関：MedPAC

CMSはメディケアの指定病院に対して，年間のコストデータの報告を求めており，これらの情報をもとに，毎年，DRGの分類，相対係数および基準報酬額の改定を行っている。

連邦議会は，メディケアの診療報酬改定のために独立の諮問機関であるMedPAC (Medicare Payment Advisory Commission) を設置している[21]。MedPACは17人の専門委員から構成された組織であり，診療報酬の改定や支払方式などに関してCMSと連邦議会に対して勧告を行う権限を有している。MedPACはメディケアの診療報酬政策に関して年次報告書を公表しており[22]，将来の診療報酬制度の方向性を決めるうえで重要な役割を果たしている。

MedPACの前身は1985年に連邦議会が設置したProPAC (Prospective Payment Assessment Commission) である。DRG-PPSの導入にあたり，連邦議会は，医療専門職や病院関係者，メディケアの受給者がDRG-PPSの運用について発言する機会を確保する必要があると考え，ProPACを創設した。その後，1997年にProPACと医師診療報酬委員会 (Physician Payment Review Commission) (パートBの診療報酬に関する委員会) が統合されて，現在のMedPACとなった。

3　メディケア・パートBにおける診療報酬

パートBにおける診療報酬制度の沿革

　メディケア・パートBは，医師による診療，手術，臨床検査などを給付する任意加入の保険制度である。パートBでは1992年から医師への診療報酬を算定するにあたり，資源準拠相対評価尺度（RBRVS）と呼ばれる診療報酬支払方式を採用している。RBRVSは，医療サービスのために投入される労力や資源の質と量を測定し，これらをもとに構築された診療報酬体系である。

　メディケアの創設後，パートBの診療報酬は，地域の慣行的な診療料金を医師に支払うという方式がとられていた。しかし，この方式ではパートBの医療支出の増大に歯止めを設けることは困難であった。このため，連邦議会は1983年の社会保障法改正においてパートBに新たな診療報酬支払方式を導入するように連邦保健福祉省に検討を求め，RBRVSの仕組みが生み出されることとなった。

　RBRVSは，ハーバード大学のシャオ（Hsiao）教授らの研究をもとに開発されたものであり，医療サービスを提供する際に必要となる医療資源の評価などに基づいて診療報酬額を算定する仕組みである。RBRVSは，1989年と1990年の立法により[23]，パートBに導入され，1992年からRBRVSに基づく診療報酬の支払いが開始された[24]。

　RBRVSの導入にもかかわらずパートBの医療費は増大を続けた。このため，1997年の財政均衡法によって，持続可能成長率（Sustainable Growth Rate．以下，SGRとする）を用いて支出目標の範囲内に診療報酬の改定率を調整する仕組みがパートBに導入された[25]。しかしながら，この仕組みは，経済的な状況の変化によって医師に対する診療報酬の改定率を定めるものであり，診療報酬のマイナス改定をもたらす可能性があるため，医療関係団体の強い反発を招くこととなった。

　連邦議会は，診療報酬のマイナス改定を回避するために2002年以降，特別な改定率を定めた特例法をほぼ毎年制定するという対応をとった。このため，

SGRを用いて経済成長に連動させて医療費を制御する試みは実際にはほとんど実施されなかった。

　連邦議会では，実質的な機能を失ったSGRを廃止し，新たな診療報酬制度を創設するための協議が進められた。こうして2015年4月16日，超党派の協力によりMACRA (Medicare Access and CHIP Reauthorization Act) が成立した[26]。MACRAは，SGRを廃止した後，パートBの診療報酬を医師のパフォーマンスや診療の成果を反映した報酬体系に段階的に変化させることを予定している。

|パートBの診療報酬体系|

　(1) RBRVSの基本構造　RBRVSに基づく診療報酬体系では，HCPCSコード (Healthcare Common Procedure Coding System code set) [27]に記載された約7000の医療行為について①医師の仕事量（診療時間や診療作業の強度）(RVU work)，②診療に要する諸費用 (RVU PE)，③医療過誤の保険費用 (RVU MP) を反映した相対評価指標 (relative value units：RVUs) が定められている。これらの相対評価指標は，各医療行為の提供に必要な医師の仕事量や診療費用を，他の医療行為にかかる仕事量などと比較して算出し，設定したものである。たとえば，2015年の仕事量に関する相対評価指標には0（医師の労力を必要としない画像検査）から108.91（新生児の横隔膜ヘルニアの治療）までの数値が示されている。

　①医師の仕事量に関する相対評価指標は，(i)前後の準備なども含めて当該医療行為のために医師が費やす時間，(ii)当該医療行為に伴う心理的ストレスや身体への負担などの作業負荷を評価した数値である。②診療費用に関する相対評価指標は，(i)特定の医療サービスを提供するために必要な人件費や設備・消耗品の費用（直接的な診療経費），(ii)特定のサービス提供には結びつかない間接経費の合計である。③医療過誤保険費用は，医師が加入する民間の医療過誤保険の保険料を反映しており，医療サービスの種類や地域，医師の専門などによって決定される。

　2015年時点でのパートBの医療費全体で各相対評価指標の占める割合をみた場合，①仕事量に関する相対評価指標は，パートBの支出全体の半分を占めている。②診療経費の相対評価指標も支出全体のほぼ半分を占めており，③保険費用の相対評価指標は医療費全体の5％以下である。

図表 4-2　RBRVSに基づくパートB診療報酬の算定方法

```
┌─────────┐   ┌─────────┐   ┌─────────┐       ┌─────┐       ┌─────────┐       ┌─────┐
│仕事量の  │   │診療経費の│   │保険費用の│       │     │       │政策的観点│       │     │
│相対評価  │   │相対評価  │   │相対評価  │       │換算 │       │に基づく  │       │診療 │
│指標      │ + │指標      │ + │指標      │   ×   │係数 │   +   │各種の    │   =   │報酬 │
│(RVU work)│   │(RVU PE)  │   │(RVU MP)  │       │(CF) │       │加算・減算│       │額   │
│×        │   │×        │   │×        │       │     │       │          │       │     │
│地域別診療│   │地域別診療│   │地域別診療│       │     │       │          │       │     │
│費係数    │   │費係数    │   │費係数    │       │     │       │          │       │     │
│(WORK     │   │(PE GPCI) │   │(PLI GPCI)│       │     │       │          │       │     │
│ GPCI)    │   │          │   │          │       │     │       │          │       │     │
└─────────┘   └─────────┘   └─────────┘       └─────┘       └─────────┘       └─────┘
```

出所：MedPAC, Physician and Other Health Professional Payment System をもとに筆者作成

　パートBの診療報酬額の算定にあたっては、まず①から③の相対評価指標にそれぞれの地域別診療費係数（Geographic Practice Cost Index：GPCI）を乗じ、コストの地域差を調整した上で、その結果を合計する。この合計額に換算係数（conversion factor）を乗じることで個々の医療行為の支払い額が算出される（図表4-2参照）。2016年の換算係数は、35.8279ドルである。

（2）政策的な診療報酬額の調整　　パートBにおいても、各種の要因を考慮した診療報酬額の調整が行われている。上級実践看護師（advanced-practice nurse）など医師以外の者が診療行為を行った場合、診療報酬は医師が請求できる報酬額の85％相当分となる。また、メディケアに登録を行っていない医師が診療を行った場合には、診療報酬として規定額の95％が支払われる。

　パートAと同様に、パートBにおいても政策的な観点から各種の加算プログラムが実施されている。たとえば、医師が医療従事者不足地域（Health Professional Shortage Area）においてメディケア受給者のために診療に従事した場合、診療報酬額に10％の加算が行われる。2011年からACAに基づいて開始されたプログラムでは、メディケアの登録を受けた医師が家庭医や内科医、小児科医などとしてプライマリケアに関わる診療活動を行った場合、10％の加算

が行われることになっている。

パートBにおける診療報酬の改定　パートBの相対評価指標（RVUs）の見直しは，法律上は少なくとも5年おきとされているが[29]，CMSは2012年以降，相対評価指標の見直しを毎年行っており，パートBの診療報酬額を決める換算係数も毎年改定されている。

　相対評価指標の見直しなどパートBの診療報酬の改定にあたっては，前述のMedPACに加えて，アメリカ医師会に設置された相対評価指標委員会（Relative Value Scale Update Committee）が強い影響力をもっている。相対評価指標の各項目の見直しや新たな医療処置コードの追加といった改定の大半は，この委員会の勧告によるものである。

　パートBにおける相対評価指標の見直しは，予算中立的でなければならないとされている。相対評価指標の見直しの結果，年間支出推計において2000万ドル以上の変化が生じる場合，CMSは支出全体が上記の額を超えて増加または減少しないように相対評価指標全体の調整を行うことが要請される[30]。

パートBにおける診療報酬制度改革　(1) SGRの廃止　2015年にSGRが廃止されるまで，パートBでは，換算係数の算出にあたりSGRを用いることで，経済成長率の伸びの範囲でパートBの医療支出を制御することが予定されていた。SGRは，①医師に対する報酬の変化，②メディケア受給者数の変化，③GDPの変化，④パートB給付に関連した法改正に伴うコストの変化の4つの要因によって決定され，パートBの医療費支出が目標値を上回る場合には，診療報酬のマイナス改定を実施することになっていた。しかしながら，前述のように，連邦議会はマイナス改定を回避する特例法を制定し続けたため，SGRに基づく医療支出の統制は機能しないまま終わった。

(2) 新たな診療報酬支払方式への移行　2015年4月に成立したMACRAは，SGRを廃止した後，2015年から2段階の移行期間を設け，パートBの診療報酬を医師のパフォーマンスや診療の成果を反映した報酬体系に変化させることを計画している。

　第1段階（2015年から2019年まで）では，パートBの診療報酬体系に大きな変化はなく，SGRの廃止後，2019年までパートBの診療報酬を毎年0.5％ずつ引

き上げることが予定されている。第2段階（2020年から2025年まで）では，診療報酬の一律の引上げは行われず，パートBから診療報酬の支払いを受ける医師は，次の2つの支払い方式の中から1つを選択することになっている。

　第1の方式は，医師による診療の質を報酬額に反映させる支払い方式である（Merit-Based Incentive Payment System. 以下，MIPSとする）。MIPSは，従来のRBRVSに基づく出来高払いの診療報酬体系を基本に構築されているが，診療上のパフォーマンスに対する評価に基づいて診療報酬額に加算または減算を行う仕組みである。医師の診療上のパフォーマンスは，①医療の質，②事例ごとの資源利用状況，③電子医療記録（Electronic Health Records）の利用，④診療改善活動，の4つの観点から評価されることになっており，それぞれ①と②は30％，③25％，④15％という重み付けがなされている。

　パフォーマンスの評価に基づく加算減算の割合は段階的に拡大することになっており，診療報酬の減算率は，2019年のマイナス4％から，2022年には最大でマイナス9％になる。また，診療上のパフォーマンスが高いと判断された場合の加算率は減算率の3倍を上限としており，2019年は12％であり，2022年には27％となる。

　第2は，RBRVSを基本とした診療報酬体系に代わる，各種の診療報酬支払方式である（Alternative Payment Model System. 以下，APMとする）。CMSがAPMとして想定しているのは，メディカル・ホーム（patient-centered medical home）やメディケアのACOプログラム，その他のメディケア試行プログラムである[31]。

　メディケアから支払われる診療報酬の一定割合（2019-2020年は25％以上，2021-2022年50％以上，2023年以降は75％以上）がAPMによるものであれば，医師に支払われる診療報酬に対して年間5％の奨励金が付与される（2019年から2024年まで）。また2026年以降，MIPSを選択した医師に対するパートBの診療報酬の改定率は0.25％であるのに対し，APMを選択した医師に対する診療報酬の改定率は0.75％である。このように今後，パートBでは，経済的なインセンティブの付与を通じて，新たな診療報酬支払方式への移行が図られることになる。

4 メディケアにおける診療報酬の特色

メディケアのパートAおよびパートBにおける診療報酬の特色は，次のような点にあると考えられる。

第1に，パートAが入院医療，パートBが医師の診療サービスを対象とした制度として発展したことを反映し，メディケアの診療報酬は，医師と病院を明確に区別した報酬体系となっていることである。パートAにおけるDRG-PPSは，わが国のDPCなど病院に対する診療報酬の包括払い方式のモデルとして紹介されることが多いが，医師に対する報酬は含まれないことに留意する必要がある。

第2に，パートA，パートBのいずれの診療報酬体系においても，わが国と比べて，診療に伴う実際のコストに細かく配慮した報酬額の設定や調整がなされていることである。パートAにおけるDRG-PPSの基本報酬額の決定にあたっては，地域の賃金指数，物価指数など組み込む方式がとられている。また，パートBのRBRVSにおいても診療行為の仕事量を数値化する際，各種コストの地域差を考慮した調整が加えられる仕組みとなっている。

こうしたサービスの「原価」に対する配慮は，国土が広大で多様性をもつアメリカ各地の社会経済的状況を診療報酬額の算定において反映させる必要性が高いことに基づいていると考えられる。また，メディケアでは，当初，実際の診療費を補填する方式がとられていたため，これに代わる診療報酬支払方式（DRG-PPS，RBRVSなど）においても実際のコスト計算に基づく算定がなされていると示す必要のあったことが影響しているように思われる。

他方で，こうした診療報酬の算定方法は，必然的に医師の労力や経費など「投入ベース」で報酬額を設定する仕組みとなるため，とくにパートBにおいてはプライマリケアや疾病予防といった診療活動への診療報酬上の評価が低いと指摘される要因となっている。

第3に，近年はメディケアの診療報酬においても，政策誘導的な観点から診療報酬額の加算，減算を行う仕組みがみられるようになっていることである。

しかしながら，わが国の診療報酬にみられるように，各保険点数の算定要件のレベルで政策誘導的な条件を設定するのではなく，CMSが実施する各種のプログラムに医療機関が参加した場合に，各医療機関の実績や成果にもとづいて診療報酬への加算が行われるという形態がとられている。

近年，メディケアでは，診療上の成果や実績に基づいて診療報酬額の加算や減算を行う各種プログラムが実施されており，パートＢの診療報酬改革によって今後もこのような傾向が拡大する可能性が高い。成果を反映した診療報酬では，価値（value）の重視がしばしば強調されている。ここでいう「価値」とは医療のために投入した費用に対して，それに見合っただけの成果や結果がもたらされているかという考え方であり，効率性や効果性の概念に近い[32]。このような考え方が強調されるようになった背景には，アメリカではメディケアが民間保険などと並んで，医療サービスの購入者としての側面を有していることが強く影響しているものと思われる。価値を重視した診療報酬のあり方が，アメリカ以外の国の社会保険制度にまで波及するかについては今後，注視を要するであろう。

【参考文献】
医療経済研究機構（2014）『アメリカ医療関連データ集2013年版』
川渕孝一（1997）『DRG/PPSの全貌と問題点』薬業時報社
Centers for Medicare & Medicaid Services, Acute Care Hospital Inpatient Prospective Payment System, 2016.
Centers for Medicare & Medicaid Services, Medicare Physician Fee Schedule, 2014.
MedPAC, Hospital Acute Inpatient Services Payment System, 2015.
MedPAC, Physician and Other Health Professional Payment System, 2015.

【注】
1） Pub. L. No. 111-148, 124 Stat. 119.
2） 2010年の医療制度改革の沿革と意義について，関ふ佐子（2014）「アメリカにおける医療保障改革——公私混在システムの苦悩」論究ジュリスト11号，73頁以下参照。
3） Social Security Amendments of 1965, Pub. L. No. 89-97, 79 Stat. 286 (codified as amended at 42 U.S.C. §1395 (2011)).

4) Medicare Payment Advisory Commission, Report to Congress Medicare Payment Policy 25 (2016).
5) Congressional Budget Office, 2016 Medicare Baseline (March 2016).
6) もっともパートAとパートBの創設は，老齢医療保障を目的とした社会保障法改正案を成立させるための政治的妥協に基づくものであり，当初よりホスピタル・フィーとドクター・フィーに対応させる目的で両制度がつくられたわけではない。石田道彦 (2012)「アメリカの医療保障における財源確保——メディケア，メディケイドの展開」海外社会保障研究179号，53頁参照。
7) 入院日数が60日以内であればメディケア受給者は定額負担のみ支払い，61日から90日であれば定率の費用負担が求められる。さらに，入院が必要な場合，受給者には生涯で60日分の追加的入院医療給付が認められている。
8) 42 U.S.C. §1395y(a)(1)(A).
9) Social Security Amendments of 1983, Pub. L. No.98-21, §601(c)(1), 97 Stat. 65 (codified as amended at 42 U.S.C. §1395ww).
10) 42 C.F.R. §412.312(a).
11) 42 U.S.C. §1395ww(d)(5)(B); 42 C.F.R. §412.105 (2009).
12) 42 U.S.C.A. §1395ww(d)(5)(F); 42 C.F.R. §412.106 (2010).
13) 42 U.S.C. §412.92(e).
14) 42 U.S.C. §1395ww(o).
15) このほかにHospital-Acquired Conditions Reduction Program (予防可能な事故の防止)，Hospital Inpatient Quality Reporting Program (医療の質に関するデータの報告) においても診療報酬の加算，減算が行われている。
16) 42 U.S.C. §1395ww(d)(5)(A); 42 C.F.R. §412.80.
17) Medicare, Medicaid, and SCHIP Benefits Improvement and Protection Act of 2000, Pub. L. No. 106-554, 114 Stat. 2763A-463.
18) 42 U.S.C. §1395ww(d)(5)(K)and(L); 42 C.F.R. §412.87.
19) 42 U.S.C. §§1395h(a), 1395u(a).
20) 42 U.S.C. §1395ff(f)(1)(B).
21) 42 U.S.C. §1395b-6.
22) *See* Medicare Payment Advisory Commission, supra note 4.
23) Omnibus Budget Reconciliation Act of 1989, Pub. L. No. 101-239; Omnibus Budget Reconciliation Act of 1990, Pub. L. No. 101-508, 103 Stat.1388.
24) 42 U.S.C. §1395w-4.
25) Balanced Budget Act of 1997, Pub. L. No. 105-33, §4503, 111 Stat. 251.
26) Pub. L. No. 114-10, 129 Stat. 87 (2015).
27) アメリカ医師会が定めた医療処置コード (current procedure terminology codes：

CPT）に医療機器等に関するコードを加え，CMSが作成したものである。
28) 79 Fed. Reg. 40322 (July 11, 2014).
29) 42 U.S.C. §1395w-4(c)(2)(B)(i).
30) 42 U.S.C. §1395w-4(c)(2)(B)(ii)(Ⅱ).
31) メディケアのACOプログラムについては，石田道彦（2013）「アメリカにおける医療提供システムの新たな展開——Accountable Care Organizationの概要と法的課題」金沢法学55巻2号，39頁以下参照。
32) *See* Michael E. Porter, What is Value in Health Care?, 363 New Eng. J. Med. 2477 (2010).

第5章 日 本

島崎謙治

1 日本の医療制度の特徴

医療財政制度の比較

医療制度は，①医療サービスの提供（デリバリー）に関する制度（医療提供制度），②医療費用の調達・決済（ファイナンス）に関する制度（医療財政制度）の2つからなる。年金制度が世代内・世代間の所得移転というファイナンスだけの仕組みであるのに対し，サービスのデリバリー部門が存在することは医療制度の際立った特徴であり，年金制度に比べ医療制度の方が各国の固有性が強く現れる。

図表5-1は，先進諸国（本書で取り上げた4カ国および日本）の医療制度を比較したものである。ファイナンスの方式に着目すると先進国の医療制度は3つに大別できる。1つ目は，社会保険方式により医療費のファイナンスを行うタイプであり，日本のほかドイツおよびフランスがこれに該当する。なお，医療に関し社会保険方式を採用している国としては，これ以外にオーストリア，スイスなどが挙げられる。2つ目は，租税を財源として政府が直接医療提供を行っている税方式の国であり，この図では英国がこれに該当する。税方式を採用している国は，英国のほかにも，北欧4国，イタリア，オーストラリア，ニュージーランド，カナダなど少なくない。3つ目は，医療費のリスク分散を基本的に民間保険で行うタイプであり，米国がこれに該当する。米国では，高齢者等を対象とするメディケアおよび低所得者を対象とするメディケイド等を除き公的な医療費保障制度は存在しない。

図表5-1　医療制度の粗い国際比較

	日　本	ド イ ツ	フランス	英　国	米　国
供給	「民」中心 （公の占める割合は約3割）	「公」中心 （公の占める割合は約9割）	「公」中心 （公の占める割合は約7割）	ほぼすべてが「公」	「民」中心 （公の占める割合は約25％）
財政	「公」 （社会保険方式）	「公」 （社会保険方式）	「公」 （社会保険方式）	「公」 （税方式）	「民」 （メディケア・メディケイド等を除く）
財政の制度設計	○全国民が対象 ○社会保険方式 ○「保険料」のほか「税」の割合も高い 後期高齢者医療制度（75歳） 国民健康保険／被用者保険	○国民の9割が対象（一定の要件を満たす自営業者，高賃金労働者は任意加入） ○社会保険方式 ○原則として「保険料」 9割の国民を社会保険方式でカバー／自営業者等は任意加入 ※2009年1月から国民皆保険化（公的保険か民間保険に加入）	○全国民が対象 ○社会保険方式 ○保険料が約5割，その他一般社会拠出金等が約5割 民間セクターの被用者保険（一般制度）／公務員等の被用者保険（特別制度）／自営業者保険	○全国民が対象 ○直接供給方式 ○財源は「税」 税方式で国民全員をカバー（国単位）	○公的医療費保障は，高齢者・障害者，低所得者，児童のみ ○メディケアは社会保険方式 ○メディケイドは「税」により低所得者をカバー 公的医療保険（メディケア）（65歳） 民間保険に任意加入

出所：島崎（2011）23頁の図を修正

日独仏の相違

さらに，社会保険方式を採用している国であっても保険者の組成の仕方は異なる。たとえば，日本では，74歳以下は職域保険（被用者保険）と地域保険（国民健康保険）の二本立てで構成されており，被用者保険に属さない者は国民健康保険の被保険者となる。これに対しドイツの医療保険は職域をベースに組成されている。これは，ドイツの疾病保険法が1883年に労働立法三部作（他の2つは労働災害保険法および年金保険法）の1つとして成立し，その後対象範囲を拡大してきたものの，今日でも労働者のための保険という性格が残存しているためである。

職域をベースにしているという意味ではフランスもドイツと同じであるが，フランスでは職場や業種ごとに多数の保険者が組成されており，こうした個別

の保険者に属さない者は「一般制度」と呼ばれる職域保険に加入する。ドイツやフランスには日本の国民健康保険に相当する制度は存在しない。また，日本では75歳になるとそれまで加入していた医療保険制度から離脱し後期高齢者医療制度に加入するが，ドイツやフランスでは退職後もそれまで属していた保険に引き続き加入するのが原則であり，わが国の後期高齢者医療制度のような制度はない。

| 医療提供制度の特徴 | 医療財政制度だけでなく医療提供制度についても彼我の相違は大きい。

第1は，病院と診療所の性格の違いである。欧米諸国では病院と診療所は別個のものとして生成発展し，一般に病院の規模（病床数）は大きく診療所は無床である。これに対し日本は病院と診療所の区分が明確でなかった。1948年に医療法が制定され，20床以上の医療施設が病院と定義されたが，1942年に国民医療法が制定されるまで病院は診療所の一形態として位置付けられており，国民医療法でも病院と診療所の区分は10床で線引きされていた（島崎 2011：35）。それに加え，日本の病院は医師が開設する診療所が規模を拡大し病院になった（いわゆる「病院成り」）のものが多い。このため，わが国の医療機関は，大病院，中小病院，有床診療所，無床診療所というように連続的である。また，日本の病院は入院機能以外に外来機能を有しており診療所と競合関係にある。

第2は，病院の経営主体の相違である。ヨーロッパ諸国では病院は公的性格の強いものとして生成した。このため，いわゆる税方式をとっている国はもとより，社会保険方式を採用している国でも，病院の経営主体は公的セクター（例：公立のほか教会立のものを含む）が中心である。これに対し日本では，病院の病床数の約7割（病院数では約8割）は民間セクター（その多くは医療法人）で占められている。つまり，ヨーロッパ諸国ではファイナンスもデリバリーも「公」中心であるのに対し，わが国は，医療のファイナンスは「公」，デリバリーは「民」という組合せとなっている。なお，近年，ドイツ等では株式会社立の医療機関が増加しているが，わが国では医療の非営利原則（医療法7条6項，54条参照）に基づき，株式会社立の医療機関の開設は原則として認められていない。

第3は，日本ではフリーアクセスが尊重されていることである。これと対極

をなすのがイギリスであり,救急を別にすれば,患者はまず診療所の総合医(general practitioner：GP)の診断を受け,その紹介状がなければ病院では受診できない。つまり,総合医のゲートキーパー機能(振り分け機能)が強い。ヨーロッパ諸国の中ではドイツやフランスは英国ほどゲートキーパー機能が強いわけではないが,両国でも日本のように患者が紹介状なしに大病院で直接受診することは一般的ではない。

|医療制度の相違と診療報酬| 国による医療制度の相違は診療報酬の性格・設計等に影響を及ぼす。日本の医療制度の特徴が診療報酬にどのような形で現れるのかは各々の箇所で指摘することとし,ここでは財政方式の相違と診療報酬との関係についてだけ述べておく。

医療提供制度と医療財政制度はしばしば「車の両輪」にたとえられるが,この比喩は税方式(直接提供方式)の場合には必ずしも妥当しない。税方式と社会保険方式の相違は,単に主たる財源が保険料か租税であるかということにあるのではない。より本質的な相違は,社会保険方式の下では医療提供制度と医療財政制度が分離するのに対し,税方式の下では政府(国・自治体)が自ら医療サービスを直接提供しているため,医療提供制度と医療財政制度が基本的に一体化していることにある。その意味では,税方式というよりも直接提供方式と呼ぶ方がその本質を的確に表しており,医療提供制度と医療財政制度の関係は両輪が重なった「一輪車」のようなものである。そして,そのことは診療報酬の性格にも反映される。診療報酬は通常 medical fee と訳されるが,税方式(直接提供方式)の国では,報酬(fee)ではなく支払い(pay)という言葉が用いられることが多い。典型的な税方式の制度では,医療機関や医師が行う個々の医療サービスの対価としての報酬ではなく,直営の医療機関や医師に対する医療費財源の配分(allocation)の仕方として構成すれば足りるからである。[1]

2 保険診療の仕組みと診療報酬

|医療提供と医療財政の接合| 社会保険方式では「車の両輪」の比喩はうまく当てはまるが,医療提供制度と医療財政制度がばらばらであれば医

療制度はうまく機能しない。それはちょうど両輪をつなぐ「車軸」を欠けば車は前に進まないのと同様である。実際，社会保険方式の制度設計において最も難しい問題の1つは両者の接合の仕方である。では，日本の医療制度においてこの「車軸」に相当するのは何か。結論から先にいえば，現物給付および診療報酬の仕組が医療提供制度と医療財政制度をつなぐ役割を果たしている。診療報酬制度は保険給付費を支払うための仕組みであり医療財政制度のサブシステムであるが，その機能に着目すれば医療提供制度と密接に関わっているのである。

保険診療の仕組み　図表5-2は，わが国の保険診療の仕組みを図解したものである。国（厚生労働大臣）は保険医療機関（保険薬局を含む。以下同じ）を指定する（健保65条等：図①）[2]。医療機関は指定を受けないこともできるが，自由診療だけで経営を成り立たせることは現実には難しいため，ほぼすべての医療機関が指定を受けている。なお，この指定の法的性質については，医療機関と保険者との間に「公法上の双務的付従的契約を成立させ，かつ，療養等の給付を行うことによって診療報酬債権を取得することのできる地位」を医療機関に付与する行政処分であると解されている（鹿児島地判平11・6・14判時1717号78頁）。簡単にいえば，指定は相手方の同意を要する行政処分であるが，医療機関は指定を受けることによって，本来ならば被保険者のために保険者が行うべき療養の給付の義務を保険者に代わって行い，その対価として保険者から診療報酬の支払いを受けるという契約関係が成り立つということである[3]。

　保険者は保険給付等の財源に充てるため保険料を賦課・徴収することとされており，被保険者は賦課された保険料を保険者に支払う（健保155条等：図②）。そして，被保険者（患者）は傷病が生じた場合は自ら選択した保険医療機関で受療し，保険医療機関は被保険者（患者）に保険診療サービスを提供する（健保63条3項・70条等：図③）。ここで留意すべきことは，わが国の公的医療保険制度では，保険者は「療養の給付」（条文上「療養費の支給」と使い分けられていることに留意）の形で現物給付するのが原則だということである（健保52条，63条1項，76条1項等）。違う言い方をすれば，日本の保険給付の方式は，被保険者が受療

図表5-2　保険診療の仕組み（模式図）

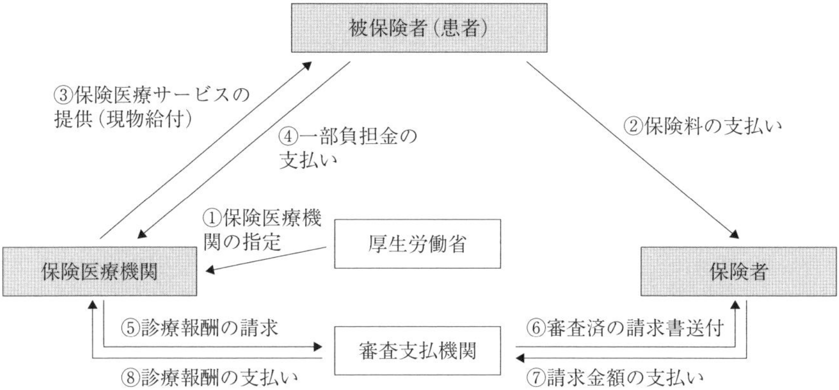

```
                        被保険者（患者）
          ③保険医療サービスの      ②保険料の支払い
          　提供（現物給付）
                    ④一部負担金の
                    　支払い
          ①保険医療機関の指定
   保険医療機関 ←────  厚生労働省       保険者
        ⑤診療報酬の請求   ⑥審査済の請求書送付
                    審査支払機関
        ⑧診療報酬の支払い  ⑦請求金額の支払い
```

出所：筆者作成

時にいったん費用の全額を支払い，後日保険者に請求し払戻しを受ける方式（償還払い方式：フランスの外来で採られている方式）ではない。したがって，被保険者は，保険医療機関で受療する際，一定割合の一部負担金（窓口一部負担金）のみを支払えば済む（健保74条1項：図④）。

保険医療機関が被保険者（患者）に療養の給付を行った場合，保険者はそれに要する費用を保険医療機関に支払う。この「療養の給付に要する費用」として支払われるのが診療報酬であり，保険医療機関は，診療報酬全体から一部負担金を控除した分について，レセプト（診療報酬明細書）として審査支払機関を介して保険者に請求する（健保76条1項等：図⑤・⑥）[4]。審査支払機関はレセプトの内容を審査したうえで，保険者に対し支払うべき金額を請求・徴収し保険医療機関に支払う（健保76条4項・5項等：図⑦・⑧）。

保険診療の統制と診療報酬　保険医療機関は診療報酬を受け取る権利を得る反面，保険診療ルールに則り適正な診療を行う義務を負う（健保70条1項，72条等）。このルールを定めたのが「保険医療機関及び保険医療養担当規則」（昭32厚生省令15号。以下「療養担当規則」という）である。療養担当規則は訓示的な規定も少なくないが，特殊な療法や薬物使用の禁止（これらは混合診療禁

止の根拠となる）など重要な規定も含まれている。また，診療報酬は保険医療機関と被保険者（患者）の間で自由に決められるわけではない。「療養の給付に要する費用の額は，厚生労働大臣が定めるところにより，算定するものとする」（健保76条2項）との規定に基づき「診療報酬の算定方法」(平成20・3・5厚生労働省告示59号）が定められており，1点単価10円に点数を乗じて算定されるからである。この点数を具体的に定めたのが「診療報酬点数表」（上記の算定方法の告示の別表。以下「点数表」という）である。

　点数表は医療サービスの「公定料金表」であるが，保険給付の対象となる診療行為は原則として点数表に掲載されているものに限られる。このため点数表は「保険診療一覧表」としての性格も有する。また，点数表には個々の点数につき算定できる要件（例：施設・人員基準，請求上限等）が規定されているため「算定要件集」でもある。そして，レセプトに記載された診療内容が保険診療として適切であるか否かをチェックするのが審査である。つまり，療養担当規則や点数表が保険診療ルールの事前統制機能を果たしているのに対し，レセプトの審査は事後統制機能を担っている。

3　日本の診療報酬制度の沿革

戦前の診療報酬制度　健康保険法は1922年に制定（施行は1927年）されたが，創設当時の政府管掌健康保険の診療報酬の支払いは今日とはまったく異なる方式によっていた。すなわち，保険者としての政府と日本医師会との間で包括的な請負契約が締結され，1人あたり単価に被保険者数を乗じた額を政府が日本医師会に一括して支払い，日本医師会が道府県医師会を通じて医師に支払うという方式が採られた[5]。そして，医師会の各医師（保険医）への配分方法は，①日本医師会が規定した点数表に基づき毎月各保険から請求書を出させ，②これを医師会が審査し支払確定総点数を決定し，③当月分の政府からの配分額をこの支払確定総点数で除すことにより1点単価を算定し，④保険医ごとの当月分の稼動点数（出来高）に応じて按分するというものであった。要するに，保険者と日本医師会との関係に着目すれば団体請負契約であり，医師

会と各医師との関係に着目すれば稼動点数に応じた配分が行われていたのである。

しかし，政府が支払う金額の基礎となる1人あたり単価の設定をめぐり，政府と医師会の間の交渉は毎年難航を極めた。また，被保険者の罹患率や各保険医の稼動点数の相違により道府県ごとに大きな差異が生じただけでなく，同一道府県でも月ごとに1点単価に差異が生じたため紛議が絶えなかった。このため，1942年に人頭割団体請負方式は廃止され，翌年からは，厚生大臣が定めた点数単価表により医師会を経由せずに保険者から保険医に支払う方式（点数単価方式）に変更された。そして，同年には，保険医が療養の給付を担当する際に遵守すべき診療方針も健康保険医療養担当規程として告示された。これは現在の療養担当規則の原型である。また，1944年には適正な診療報酬を審議する機関として社会保険診療報酬算定協議会が設けられたが，これは中央社会保険医療協議会（以下「中医協」という）の前身である。

|新医療費体系の導入|

第二次世界大戦終戦前の数年の間に現行の診療報酬制度の基礎が築かれた。しかし，診療報酬の支払い方式が点数単価方式に移行したといっても，診療報酬の算定方法（点数表の構成・内容）に関して前近代的な性格が払拭されたわけではなかった。技術料がそれ自体としては評価されず，薬治料や注射料の一部になっており，しかも，薬治料や注射料は高い薬剤を使うほど高い収入が得られる仕組みとなっていたからである。このため，GHQのサムスの指示により1950年に厚生省に臨時診療報酬調査会が設置され，同調査会は翌年，「物と技術が不可分の形をとっている診療報酬を物と技術の報酬に区分して考えるべきである」旨の答申を行った。これを受けて始まったのが新医療費体系の議論である。

新医療費体系のねらいは，診療報酬体系を，医師等の技術料，コメディカルの人件費，所要経費（光熱水料費，処置・手術等に使用する衛生材料等），薬代に分け，技術料を正当に評価することにあった。厚生省は1952年に医療機関のコスト・収支状況等の調査等を行い，これを基に診療報酬改定案を作成し1954年に中医協に諮問した。これに対し，日本医師会は投薬の多い開業医の収入が減少するため強硬に反対した。

新医療費体系は，紆余曲折を経て，1958年に甲表，乙表の二本立ての新点数表の制定・実施に漕ぎ着けた。甲表は，医師の技術を重視する観点から手術等の点数を高くする一方，投薬等の点数を低くするとともに，初診や入院の際の投薬料や検査等は初診料や入院基本料に含めるといった特徴をもつ点数表である。一方，乙表は，投薬料・注射料について使用薬剤の価格にかかわらず技術料は定額とし「物と技術」を分離したほかは，基本的に従来の点数表と同様であった。医療機関はいずれかの点数表を選択することとされたが，その採用状況をみると，国公立病院，日赤や済生会などの公的医療機関は甲表，開業医や中小病院の多くは乙表を選択した。

新医療費体系の評価　1958年の新医療費体系については，「物と技術を分離し，技術を重視する考え方に立った新医療費体系が実施されたことは，わが国の診療報酬の歴史のうえで画期的なことであった」と評価するむきもある[6]。しかし，筆者は，新医療費体系は中途半端なものに終わったと評価すべきものと考えている。その理由はつぎの3つによる。

　第1に，技術料を「適正に評価」するとすれば，その基本となるのは原価計算であり，それには，①精密なタイムスタディによる所要時間，②時間当たり賃金，の2つが必要になる。①については，1952年に「医業経営精密調査」（公立病院が中心）が実施されたが，時間的制約もあって精度は低く十分な評価に耐えられるものではなかった。また，②については，医師の賃金の妥当性（例：一般労働者の賃金の何倍）の評価が避けられないが，結局のところ，その点に関する合意を見出すことができなかった。

　第2に，新医療費体系を作成する際に，医療費全体の伸びは8.5％以内にとどめるという大枠がはめられていた。このため，具体的な点数設定に当たり，物と技術を分離するという新医療費体系の考え方を忠実に反映することができず，甲表においても思い切った体系の組替えができなかった。

　第3に，甲表・乙表の二本立て・選択制としたのは「妥協の産物」であるが，見方によれば，病院は甲表，診療所は乙表に純化させ，欧米諸国のように病院と診療所の診療報酬を別体系に発展させるチャンスでもあった。しかし，現実はそうならなかった。病院でも乙表の選択が増え，その後の診療報酬の改定ご

とに甲表と乙表の差異は小さくなったからである。そして，1994年の診療報酬改定において，事務の簡素化等の観点も踏まえ甲表と乙表は一本化され今日に至っている。

給付内容および診療報酬の統一　現在の診療報酬の基となった新医療費体系を中心に診療報酬制度の沿革について述べてきたが，国民皆保険の実現に際して給付範囲や診療報酬が統一されたことも述べておこう。

わが国の国民皆保険は1961年に達成された。それ以前は国民全員が公的医療保険でカバーされていたわけではない。また，国民健康保険の給付内容や給付率が被用者保険に比べ見劣りしていたため，国民健康保険の患者は医療機関から忌避される事態も生じていた。1961年の国民皆保険の実現の意義は，単に国民全員が保険適用されたことだけにあるのではない。国民健康保険の保険給付の内容を被用者保険に揃えるとともに，給付率についても最低でも5割とするよう法律で定めたことも重要である。

条文に即していえば，国民皆保険を実現するために行われた1958年の国民健康保険法の全面改正のなかで，療養の給付の内容を健康保険法に揃えるとともに，一部負担金の額を療養の給付に要する費用の2分の1とし，条例・規則でこれを減じる（逆にいえば給付率を高くする）こともできる旨を規定した（制定時の国保36条，42条，43条）。そして，この療養の給付に要する費用の算定については，「健康保険法…の規定による厚生大臣の定（め）の例による」（45条2項）こととされた。簡単にいえば，国民健康保険の診療報酬の算定方法は健康保険と同様にする（同じ点数表を使う）ということである。

なお，国民皆保険達成後も保険医療の担当機関は別々であり（健康保険は保険医療機関，国民健康保険は療養取扱機関），療養取扱機関の指定は都道府県知事が行っていたが，1994年に保険医療機関に一本化され，その指定・監督権限も2001年に厚生労働大臣の下に集約された。わが国の医療保険制度は分立しているが，給付内容や診療報酬の仕組は同じであり統合性が高いのは以上の経緯による。

4　医療費用の構造と点数表および支払方式

医療費用の構造　診療報酬は医療機関からみれば経営原資であり、医療サービスの提供に要するコストが適切に補填される必要がある。その議論の出発点となるのは医療費用の構造である。

　医療費用は、A（生産量に応じて変化する費用：変動費）とB（生産量に比例しない費用：固定費）に大別され、A（変動費）はさらに、医師の人件費（A-1）、医師以外の人件費（A-2）、薬剤や材料の物件費（A-3）、それ以外の事務費等の物件費（A-4）に分けられる。また、B（固定費）は、土地・建物費（B-1）、医療機器（B-2）に分けられる。

　ただし、変動費と固定費が必ずしも截然と分かれるわけではない。たとえば、常勤職員は簡単に解雇できないという意味では固定費的な要素をもつ。また、医療費用をこのように分類したからといって、診療報酬の算定や支払い方法が自動的に決まるわけでもない。たとえば、診療報酬はA（変動費）に対応するものとして構成し、B（固定費）は補助金で賄うという考え方もある。また、医療費用を細かく分解せず一括して算定し支払うという方法もある。では、わが国の場合はどのような考え方がとられているのかみていこう。

点数表の基本構造　点数表は厚生労働大臣告示の「診療報酬の算定方法」の別表であるが、これは医科（別表1）、歯科（別表2）、調剤（別表3）の3つに分かれている。代表的な医科についてみると、医科診療報酬点数表は基本診療料（1章）と特掲診療料（2章）の2つで構成されている。

　基本診療料は、基本的な診療行為を含む一連の費用を包括的に評価するものであり、初・再診料、入院料等の2つの部に分かれ、初・再診料はさらに初診料と再診料の2つの節に分かれている。初診料や再診料には、視診、触診、問診等の基本的な診察、血圧測定等の簡単な検査、点眼・点耳等の簡単な処置などの費用が含まれる。また、原則として、簡単な診療行為の回数や種類にかかわらず初診料または再診料は必ず算定できる。

　もう1つの基本診療料である入院料等は、4つの節（入院基本料、入院基本料

等加算,特定入院料,短期滞在手術等基本料)に分けられる。このうち入院基本料は,入院に際して行われる基本的な医学管理,看護,療養環境の提供等の一連の費用を評価したものであり,簡単な検査や処置等の費用を含み,病棟の種別および看護配置等により区分されている。たとえば,一般病棟7対1入院基本料は,一般病棟で7対1以上の看護配置(常時患者7人に対し看護職員が1人以上配置)が行われている場合に算定できる。したがって,入院に伴う基本的な看護サービスは入院基本料の中で包括的に評価されていることになる。なお,特定入院料は,施設基準適合の医療機関で特定の症状・疾患の患者に対して包括医療を行うICU,救急の集中治療室,小児科病棟など特別のケアが必要な病棟に入院した場合の入院料であり,入院基本料と重複して算定することはできない。

特掲診療料は,基本診療料として一括して支払うことが妥当ではない特別の診療行為に対して個々に点数を設定し評価を行うものである。したがって,1人の患者に対する診療報酬の点数は,基本診療料と特掲診療料の点数を合算したものとなる。特掲診療料の章は,医学管理等,在宅医療,検査,画像診断,投薬,注射,リハビリテーション,精神科専門療法,処置,手術,麻酔,放射線治療,病理診断の合計13の部に分かれ,さらに各部は必要に応じ節・款に細分化され,それぞれ所要の点数が規定されている。ちなみに,わが国の点数表の大きな特徴の1つは診療行為の区分数が多いことにあり,医科だけでも細かく数えると約4000にのぼる[7]。

以上をまとめると,医療のサービス形態は入院と外来(入院外)に分けられるが,入院および外来のいわば「基本料金」部分は入院料等および初診・再診料という形で包括的に評価し,それで括ることができない医療サービスは診療行為に準拠した特掲診療料で評価するという考え方に立っている。

薬剤および医療材料 診療行為を行うにあたって薬剤や特定保険医療材料(以下「医療材料」という)を使用する場合がある。これらの価格については,「使用薬剤の薬価(薬価基準)」(平成20・3・5厚生労働省告示60号)および「特定保険医療材料及びその材料価格(材料価格基準)」(平成20・3・5厚生労働省告示61号)に基づき算定される。

ただし，薬剤や医療材料を使用したからといって必ずその費用が算定されるわけではない。たとえば，療養病棟に入院する場合の薬剤費は療養病棟入院基本料に包括評価されているため別に算定できない。また，後述するDPC/PDPSでは，HIV治療薬や（血友病等に対する）血液凝固因子製剤などの高額薬剤を除き包括評価されており別に算定できない。また，医療材料については，材料価格が機能別分類に従って設定され技術料とは別に評価すべきもの（例：PTCAカテーテルやペースメーカー）は別に算定できるが，技術料に平均的に包括して評価すべき廉価な医療材料（例：静脈採血の注射針）や特定の技術料と一体として包括評価されている医療材料（例：眼内レンズは水晶体再建術に包括）は別に算定できない。

薬価の算定（価格設定）については，新医薬品（新規収載品）の薬価は，類似薬効のあるものは類似薬効比較方式，類似薬のないものは原価計算方式により算定されるのが基本である。また，既収載医薬品の薬価は，実際の販売価格を調査（薬価調査）し改定される。具体的にいえば，卸の医療機関・薬局に対する販売価格の加重平均値（税抜きの市場実勢価格）に消費税を加え，さらに薬剤流通の安定のための調整幅（改定前薬価の2％）を加えた額が新薬価となる。なお，医療材料の算定（価格設定）も基本的に薬価算定と類似した方法で行われる。

診療報酬の支払方式 診療報酬の額は，前述した方法により算定された点数を積み上げ，それに10円を乗じて算定される。このように個々の診療内容に係る点数を積み上げ診療報酬を算定する方式を出来高払い方式（fee for service）という。診療報酬の支払方式としては，出来高払い方式以外に，予算払い方式（global budget），人頭払い方式（capitation），日数払い方式（daily charge），件数払い方式（case payment）など多くの方法があるが，わが国では出来高払い方式がとられてきた。

出来高払い方式は医師の裁量性が尊重され医学の進歩に即応できるという長所がある一方，過剰診療を招きやすいという短所がある。このため，とくに1980年代以降，医療サービスの包括化（いわゆる「マルメ」）が進められてきた。ただし，これは出来高払い方式の下での評価単位（括り方）の変更であり，支払い方式の改革としては，2003年度から，急性期病院を対象にDPC/PDPS

(Diagnosis Procedure Combination/Per-Diem Payment System. 診断群分類に基づく1日あたり定額報酬算定制度）による包括払いが導入されたことが重要である。

DPCとは，傷病名，診療行為（手術・処置等），重症度等による診断群分類であり，DPC/PDPSはこの診断群分類を用いた支払い方式を指す。[8] DPC/PDPSは「手挙げ方式」（出来高払いを選択することもできる）でありながら，2016年4月現在，一般病床約90万床のうち約49.5万床（約55％）が同方式の適用を受けている。また，2006年度には，療養病床を対象として医療必要度と介護必要度の組合せによる包括払い方式が導入された。日本の医療制度の特徴としてしばしば出来高払い方式であることが挙げられるが，今日では出来高払い方式と包括払い方式の混合形態だという方が正確である。

DPC/PDPSの概要

DPC/PDPSは米国で開発されたDRG/PPS（Diagnosis Related Groups/Prospective Payment System）をわが国に応用したものである。DRGは医療行為を病名とサービス内容に応じグループ分けするものであり，元々は病院の経営管理の合理化を図るために1970年代に米国で開発された手法である。しかし，診断群の分類は医療資源の必要度（資源消費量）を基準に行われるものである。したがって，理論的にはこれを支払方法として活用することが可能であり，実際，1983年に米国のメディケアの診療報酬の支払方法として採用されたという経緯がある。

ただし，DRG/PPSと異なり，わが国のDPC/PDPSは，①転帰単位ではなく3段階逓減制の1日あたり包括払いであること，②出来高払い部分（例：手術料や1万円以上の処置料）があること，③包括部分は医療機関別係数により調整されること，といった相違がある。これは，包括払いの導入にあたって，日本の特殊事情（例：同一の診断群でも病院間で平均在院日数が大きく異なっていた）を斟酌する必要があったこと等による。

DPCによる診療報酬の額は，包括評価部分と出来高評価部分の合算額であり，包括評価部分は，診断群分類ごとの1日あたり点数（段階逓減制）×在院日数×医療機関別係数で算定される。医療機関別係数とは，病院機能の差異を診療報酬に反映させるために設けられている係数であり，基礎係数，機能評価係数Ⅰ，機能評価係数Ⅱ，暫定調整係数の合計により算出される。このうち基礎

係数は病院としての基本的な診療機能を評価する係数であり，係数の高い順に，Ⅰ群（大学病院本院），Ⅱ群（高度な医療技術を有するなど大学病院本院並みの診療密度を有する病院），Ⅲ群（それ以外の病院）の3つに分かれている。機能評価係数Ⅰは人員・体制などの充実度に応じて設定され，機能評価係数Ⅱは平均在院日数の指標による効率性，診療内容の複雑性，多様な疾患のカバー率等の診療実績，救急医療や地域医療の貢献度等に基づき設定される。暫定調整係数はDPC/PDPSの導入にあたって従前の収入が確保できるように設定された係数であり，経過措置的な意味合いが強く，2018年度に廃止されることとなっている。

なお，DPC/PDPSの導入による医療費適正化効果が強調されることがあるが，それは点数や評価係数の付け方如何による。DPC/PDPSの意義としては，診療報酬の支払方式の合理化もさることながら，医療機関の診療内容等が全国統一様式の電子データとして提出されることにより各種の医療費分析ができるようになったことが重要である。

5　日本の診療報酬の特徴

1点単価固定制

診療報酬は点数表の点数に1点単価10円を乗じて算定される。本来，点数は医療行為の難易度等に伴う相対的な指標であり，1点単価は物価・賃金水準を反映した経済的指標である。実際，外国の例をみても，たとえば，米国のメディケアのパートB（医師診療部分）の支払方式であるRBRVS（Resources-Based Relative-Value Scale：資源利用度による相対評価尺度）では，相対評価要素（医師の医療密度・時間，診療費用，訴訟費用）に変換係数（わが国の1点単価に相当）を乗じ診療報酬を算定する仕組みとなっている。また，日本の医療保険制度をモデルにした韓国では1点単価固定制がとられてきたが，2001年度から1点単価変動制が導入され，毎年の物価・人件費の変動は換算指数（1点単価）で調整することとされた。具体的にいえば，わが国の診療報酬の点数に相当する韓国の相対価値点数は，医師業務量（医師・薬剤師等の医療専門職が投入した時間等），管理費用（看護師・技師などコメディカル

の人件費,医療施設・設備費),危険度(医療過誤など医療紛争の訴訟費用)を勘案し決められ,それに換算指数を乗じて診療報酬は算定される。

しかし,わが国では1958年に新医療費体系が制定されてから今日に至るまで,1点単価は10円で固定されている。その理由としては,①1点単価に端数がつくと患者の一部負担金の計算が面倒になるという事務的理由,②経済成長率(あるいは人件費・物件費の伸び率)に連動した総額予算制がとられることに対する厚生省(現在は厚生労働省)や医療界の警戒心,③点数操作を通じた政策誘導の裁量性の確保,の3つが挙げられる。このうち①は,多くの医療機関で医事会計業務の電算化が進んでいる今日では本質的な理由ではない。②は故なきことではない。総額予算制を導入しようと思えば1点単価を調整するのが最も簡便な方法だからである。③の意味は,2年に1度の診療報酬改定の度に,(本来は相対的な配分係数である)個々の点数を全面的に見直し広範な政策誘導を行えるということであり,筆者はこれが最も大きな理由だと考えている。

|診療報酬の対象経費および原価との関係|

わが国の診療報酬は全体として医業経営が成り立つように設定されており,個々の点数と当該行為の費用は厳密な対応関係にはない。たとえば,欧米諸国では税方式を採用する国に限らず社会保険方式を採用する国でも,病院の投資的経費(固定費)は診療報酬ではなく租税財源により賄われる場合が多いが,わが国では建物・機器の購入・更新費等も診療報酬の対象である。こうした投資的経費や間接経費(事務職員の人件費等)は個別の点数として明示されない。これらは各点数に(入院基本料や初診料・再診料に限らず手術料や検査料等にも)「薄く広く」含まれていると考えられる。

また,各点数は原価に基づき設定されているものではない。新医療費体系を構築する際に原価計算が試みられたが,結局は中途半端に終わった。しかも,その後の改定において,セクター間のバランスの調整や個々の点数の政策誘導が繰り返された結果,原価との対応関係は一層希薄なものとなっている。ちなみに,コストに見合った診療報酬という観点から原価計算すべきだという議論があるが,医療の費用構造は複雑であるため現実的ではない。それよりも,①医科・歯科・調剤間,②病院・診療所間,③入院・外来間,④診療科間,⑤医

療行為間,に分け,①から③については,中医協「医療経済実態調査」等のデータに基づきコスト構造の相違や収益率の分析を行い配分の妥当性を検証し,そのうえで,④については医療機関の診療科部門別収支に関する調査,⑤については関係学会の実証データに基づき点数間の是正を図ることが適切である[11]。

なお,診療報酬は医療機関に帰属し,医師や看護職員等の従業員にいかに配分するかは各医療機関の自由である。アメリカではクリニックの医師が病院の施設設備を借り手術を行うことが一般的であり,ドクターフィーとホスピタルフィーを明確に区分する必要があるが,日本ではこうした診療形態は稀であるため切り分ける必然性はない。わが国でもドクターフィーやホスピタルフィーといった言葉が使われることがあるが,多くの場合は「的」(例:ドクターフィー的要素)が付されるように,あくまで技術料や入院料を漠然と指すにとどまる。

| 診療報酬の全国一律性 | 診療報酬は原則として全国一律であり地域差が設けられていない。沿革的には,新医療費体系導入時は,甲地(6大都市と周辺)と乙地(それ以外の市町村)では,甲表では5%,乙表では8%の差が設けられていたが,1963年9月に乙地の診療報酬を甲地並みに引き上げることにより地域差は撤廃された。ちなみに,近年,地域特性に応じた診療報酬にすべきだという議論があるが,「①同一の医療サービスを受けても住んでいる地域により患者の一部負担金が異なる,②診療報酬が高い地域では保険料負担も高くなる,という問題が生じる」(2010年1月13日中医協総会資料)ことから,診療報酬は原則として全国一律である[12]。なお,医療費適正化の観点から都道府県ごとに診療報酬の特例を設定できるという規定(高齢者の医療の確保に関する法律14条)があるが,これまで発動されたことはない(後述する)。

6　診療報酬の決定過程と関係組織

| 診療報酬の決定過程 | 診療報酬は通常2年に1度改定される。ただし,これは法令によって定められているわけではなく,経済情勢の変動や制度改革に応じ改定が行われることがある。実際,インフレによって同一年に2度改定した例(1974年など),消費税率の引上げに伴い途中の年度で改

定した例（1997年）などがあるが，1998年度以降は偶数年度に改定が行われている。

　診療報酬の全体の改定率は，予算編成過程を通じ，保険医療機関の経営状況，物価・賃金等の経済指標，一般会計や国民負担への影響等を斟酌し内閣が決定する。そして，この改定率に収まるよう個々の診療報酬（点数）の改定が行われるが，厚生労働大臣がそれを定めるに当たっては，中医協に諮問することが義務づけられている（健保82条1項）。

中医協の性格およ び 沿 革　中医協は社会保険医療協議会法に基づき設置された審議会であり，同法には，支払側（7名），診療側（7名），公益委員（6名）の三者構成であること，公益委員の任命は国会の両議院の同意を要することなど，通常の審議会にはみられない規定が置かれている。これは，中医協がいわば「価格交渉審議会」だからである。すなわち，自由主義経済社会においてサービスの価格（料金）を公定することは異例であり，その代償として，当事者間（支払側および診療側）で交渉する（公益委員にはその仲裁的な役割を担う）場を与えたとみることができる。

　沿革的には，中医協は1950年に発足して以来，診療報酬の価格交渉を一手に担っていた。しかし，2004年に生じた歯科の診療報酬改定に関わる贈収賄事件を契機として中医協の改革が行われた。具体的には，①診療報酬の全体の改定率は予算編成過程を通じ内閣が決定すること，②改定率を除く診療報酬の改定方針は，社会保障審議会の医療保険部会および医療部会で定め，中医協はそれに沿って具体的な点数設定の審議を行うこととされた。また，2006年の健康保険法等の改正の際，社会保険医療協議会法の改正も行われ（施行は2007年3月），①支払側，診療側，公益の委員が8：8：4であったのを，7：7：6とすること，②支払側および診療側の関係団体の推薦制を廃止することとされた。ただし，三者構成制は維持されているほか，厚生労働大臣が支払側および診療側委員を任命するに当たっては，「医療に要する費用を支払う者の立場を適切に代表し得ると認められる者の意見」，「地域医療の担い手の立場を適切に代表し得ると認められる者の意見」にそれぞれ配慮することとされるなど，当事者自治に対する一定の配慮規定が法律上設けられている（社会保険医療協議会法3条4項等）。

中医協の組織　中医協の議決は三者構成から成る総会でなされるが，中医協の審議内容は広範多岐にわたるとともに専門技術性が高い。このため，「厚生労働大臣は，…専門の事項を審議するため必要があると認めるときは，…10名以内の専門委員を置くことができる」とされている（社会保険医療協議会法3条2項）。また，中医協には，下部組織として部会および小委員会が設置されているほか専門組織が設けられている。

　部会はとくに専門的事項を調査審議するため中医協の議決により設けられるものである。現在設置されている部会としては，診療報酬改定結果検証部会，薬価専門部会，保険医療材料専門部会，費用対効果評価専門部会の4つがある。また，小委員会は特定の事項についてあらかじめ意見調整を行うため中医協の議決により設けられるものであり，診療報酬基本問題小委員会および調査実施小委員会の2つが設置されている。なお，部会および小委員会の会長は中医協の公益委員が務めるとともに，診療報酬改定結果検証部会（委員は全員公益委員）以外の部会・小委員会については三者構成制がとられている。

　専門組織は，薬価算定，材料の適用および技術的課題等の調査審議に当たって有識者の意見を聴くために設置されるものであり，診療報酬調査専門組織，薬価算定組織，保険医療材料等専門組織，費用対効果評価専門組織の4つがある。このうち診療報酬調査専門組織は，診療報酬体系の見直しに係る技術的課題の調査・検討を行うために設けられている組織であり，DPC評価分科会，医療技術評価分科会，医療機関のコスト調査分科会，医療機関等における消費税負担に関する分科会，入院医療等の調査・評価分科会の5つ分科会が設けられている。

新医療技術の保険適用と先進医療会議　新しい医療技術は，①保険外併用療養費（評価療養）の対象となる先進医療に該当するもの，②先進的な医療技術ではないもの，の2つの類型に分けられる。このうち②については，前述した医療技術評価分科会において，関係学会からの提案およびヒアリング等を踏まえ，保険適用（保険収載）の可否等が検討される。そして，医療技術評価分科会の報告を受け，中医協の総会で審議され，その結果，保険適用することが適当であると認められたものについては診療報酬改定時に保険

収載される。

①については先進医療会議で検討される[13]。先進医療会議は，厚生労働大臣が先進医療（保険外併用療養費制度の評価療養の対象の1つ）を実施することができる保険医療機関の要件等を検討するために設けられた組織である。より具体的にいえば，先進医療会議は，先進医療の対象となる医療技術に関し，当該医療技術の有効性，安全性，先進性，効率性，社会的妥当性，将来の保険収載の必要性等の観点からみた保険給付との併用の適否，当該医療技術を実施することができる保険医療機関の要件等について専門的な検討を行うこととされている[14]。先進医療はいわば「保険収載候補」であり，中医協（総会）では，先進医療会議からの先進医療実施後の評価（保険収載，先進医療継続，先進医療取消）を踏まえ保険収載の可否等が決定される[15]。

なお，2016年度から保険外併用療養費制度の1類型として患者申出療養制度が設けられた。患者申出療養とは，高度の医療技術を用いた療養であって，当該療養を受けようとする者の申出に基づき，保険給付の対象とすべきものであるか否かについて，適正な医療の効率的な提供を図る観点から評価を行うことが必要な療養をいう（健保63条2項4号）。そして，患者申出療養に関する安全性・有効性等の評価（患者申出療養を行う臨床研究中核病院の実施状況等に関する報告の評価を含む）を行うための組織として患者申出療養評価会議が設けられている[16]。

7　診療報酬の機能と意義

診療報酬の機能　　わが国の医療政策において診療報酬が果たしている機能は大別すれば3つある。

第1は，医療費のマクロ管理機能である。すなわち，診療報酬の全体の改定率を調整することによって医療費総額（国民医療費）の伸びを制御することができる。いわば診療報酬を通じた「擬似的な予算制」である。たとえば，2005年度から2012年度にかけて国民医療費は年平均約3％伸びたが，2006年度の増加率はほぼゼロ（微減）であった。これは，同年度の診療報酬改定率がマイナス

3.16％であったため，高齢化による伸び（1.3％）および医療技術の進歩等の伸び（1.8％）と相殺されたためである。ただし，診療報酬を通じ医療費を制御できるといっても，それはあくまで改定時点での制御にとどまり，その後の医療技術の進歩や高齢化等に伴う医療費の増加までコントロールできるわけではない。

第2は，医療費のセクター間の配分調整機能である。診療報酬の改定にあたっては，全体の改定率の枠内で，医科・歯科・調剤の配分のほか，病院・診療所間の配分，診療科間の配分調整が行われる。たとえば，民主党政権の下で行われた2010年度診療報酬改定では，診療報酬本体の改定率（医科・歯科・調剤の平均改定率）は1.55％であったが，医科1.74％，歯科2.09％，調剤0.52％と医科および歯科に傾斜配分された。また，医科の改定率の内訳をみると，外来が0.31％，入院が3.03％となっており，政策的に入院に手厚く配分された。

第3は，医療提供体制の政策誘導機能である。その主なツールは点数表である。実際，点数項目の改廃，点数（加算を含む）の増減，点数の評価単位の包括化，包括払い方式の採用，算定要件の変更など，さまざまな手法を駆使し，その時々の政策課題に即し政策誘導が行われてきた。その例としては，①医療機関の機能分化や連携の促進（例：急性期入院医療の包括払いの導入，在院期間による診療報酬の逓減制の強化，地域連携クリティカルパスの評価），②緊急性や必要性が高い医療分野の重点評価（例：ハイリスク分娩管理加算，栄養サポートチーム加算，在宅療養支援診療所等の創設），③医療の質の評価（例：高密度の回復期リハビリの評価）など枚挙に暇がない。

診療報酬の意義　診療報酬が果たしている機能を3つ挙げたが，これらは互いにどのように結びついているのだろうか。また，これまでの日本の医療提供体制の改革手法は診療報酬一本槍といっても過言ではないが，それは一体なぜなのか。後者の問いに対する1つの答としては，日本の医療提供体制は民間セクター中心だということが挙げられる。すなわち，営業の自由や財産権の保障との兼ね合い上，民間事業者に対しては強権的な規制手法がとりづらく，診療報酬による経済的誘導という"緩やかな"手法をとらざるを得ないということである。しかし，それよりも重要なのは，診療報酬による政策誘導が従来それなりに奏功してきたという理由である。その意味はつ

ぎのとおりである。

わが国の国民皆保険は，国民を漏れなくカバーするだけでなく，混合診療を原則として禁止し，国民が必要とする医療はすべて保険給付の対象としている。このため，医療機関（とくに民間セクター）は，経営原資のほぼすべてを診療報酬に依存せざるを得ない。医療機関が診療報酬の点数改定に敏速に反応するのはこのためであるが，もう1つ強調すべきことがある。それは，点数表は単なる公定料金表ではなく，保険給付の範囲を決めるとともに，算定要件の設定や支払い方式の変更等を通じ，保険診療の内容・質や量をも制御していることである。

日本の医療制度の特徴としては，国民皆保険，フリーアクセス，民間セクター中心の提供体制，現物給付原則，出来高払い等が挙げられるが，これらはいずれも医療費を増加させる要素である。したがって，診療報酬の点数を単純に引き上げれば，医療費は発散してしまう。他方，点数を引き下げれば，生産性が向上しない限り医療の質やアクセスの低下を招く。そこで，算定要件の設定・変更などさまざまなテクニックを駆使し，医療機関の行動を望ましい方向に誘導するとともに，好ましくない行動が生じないよう制御している。要は，診療報酬による政策誘導のメカニズムを通じ，医療費のセクター間の配分調整や医療費のマクロ管理が実質的に機能し，医療提供制度と医療財政制度が結合しているのである。

8 診療報酬の限界と政策ミックス

診療報酬による政策誘導の限界　診療報酬による政策誘導は重要な役割を担っている。しかし，診療報酬は万能ではない。診療報酬による政策誘導には次のような限界がある。

第1に，診療報酬の性格は療養の給付に要する費用の対価であり，診療報酬になじまない領域が存在することである。たとえば，医療機関の統合・集約化を診療報酬だけで誘導することは困難である。医療の再生産に必要な経費は診療報酬の対象に含まれるとしても，統合・集約化に伴う多額の投資経費や除却

費は診療報酬では賄えない。

　第2は，診療報酬は地域医療の特性や実態の相違を反映しにくいことである。たとえば，医療機能の分化・連携が重要だといっても，医療過疎地で基幹的な病院がプライマリ・ケアから高次医療までを一体的に行っている地域では妥当しない。また，全国的にみれば急性期病床は過剰で回復期病床は不足しているが，急性期病床が不足している地域や回復期病床が過剰である地域もある。しかし，診療報酬は全国一律であり個々の地域の実態に合った政策誘導は行いにくい。

　第3は，診療報酬は患者の一部負担金に跳ね返ることである。これは2つの問題を引き起こす。1つは，診療報酬の重点評価を行うと，その政策意図に反した患者（被保険者）の受診行動を招くことである。たとえば，プライマリ・ケアを重視する観点から，病院に比べ診療所の初診料・再診料を高く設定すると，かえって患者の病院での受診を助長しかねない。もう1つは，患者の受益と負担の乖離である。たとえば，へき地等の不採算地域はコストが嵩むため診療報酬の上乗せを設けるべきだという議論がある。しかし，へき地等に住む患者からみれば，医療へのアクセスが悪いうえに都会地の患者よりも自己負担が高くなるのは納得できないという反発が生じよう。

　第4は，診療報酬の政策誘導が医業経営上のリスク要因になりかねないことである。その代表例としては，2006年度改定において，医療療養病床の削減を図るため，医療区分1（医療の必要度が一番低い区分）の包括払い点数について採算割れの設定が行われたことが挙げられる。また，診療報酬の算定要件等が短期間で改廃されることも珍しくない。

　第5は，政策意図に反する医療機関の行動の誘発である。その典型例としては，2006年度診療報酬改定において導入された手厚い看護体制の評価（7対1入院基本料の導入）が挙げられる。これは一部の高度医療機関だけが取得すると想定されていたが，看護師の配置要件を満たせば高い診療報酬の点数を算定できるため，現実には多くの病院が7対1病床の移行を目指した。その結果，2012年の病床分布をみると，2004年に比べ，7対1病床が急増する一方，13対1病床や15対1病床が減り，いわゆる「ワイングラス型」の形状となっている。こ

図表5-3 看護体制（入院基本料）別の病床数の推移

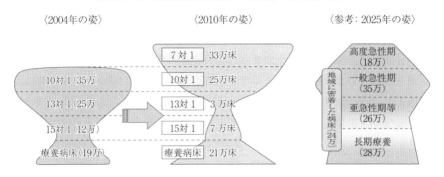

注：イメージを捉えるために簡略化している。また，「2025年の姿」はあくまで参考である。たとえば，2010年の7対1病床の機能と2025年の高度急性期が直接的な対応関係にあるわけではない。
出所：「財政制度等審議会建議書」（2013年11月29日），「社会保障審議会審議会 医療保険部会・医療部会資料」（2013年9月6日）等をもとに筆者作成

の分布は，社会保障制度改革国民会議で示された「2025年の一般病床のあるべき姿」（いわゆる「樽型」の病床分布）とは大きく異なっている。

財政制約と政策誘導のジレンマ

わが国の国民医療費とGDPの関係をみると，1990年頃まではパラレルに伸びてきた。しかし，バブル崩壊以降GDPはほぼ横這いになり，医療費も伸びてはいるものの伸び率は鈍化した。その最大の理由は，厳しい経済情勢を背景に医療費抑制策がとられてきたからである。とりわけ，2002年および2006年の診療報酬本体のマイナス改定に象徴されるように，2000年代に入ると診療報酬の改定率は低く抑えられてきた。また，かつては医療制度改革といえば，患者の一部負担の引上げなど医療保険制度改革が中心であったが，近年は医療提供体制の改革に重心が移ってきた。

このことは診療報酬による政策誘導の重要性を高めることになるが，これに過度の期待を抱くべきではない。その理由は大別して2つある。1つは，社会経済は大きく変容しており医療提供体制の基本構造に踏み込む改革が必要になるが，診療報酬による政策誘導は間接的な手法であり根本的な改革手法としては自ずと限界があることである。また，診療報酬は療養の給付の対価であり，医療機関の統合・集約化等は診療報酬になじみくい。もう1つは，厳しい財政

制約の下では診療報酬の大きな改定幅は望めないが,そうした中で政策誘導しようとすると「負荷」が大きくなり過ぎることである。一般論でいえば,プラスの点数設定の誘導は効くが,マイナスの点数設定の場合は医療機関がそれまでの採算ラインを維持しようとするため,その効き方が悪いだけでなく政策意図に反する結果を招きやすい。その意味で象徴的なのは2006年度診療報酬改定である。同年度の診療報酬本体の改定率はマイナス3.16％（診療報酬全体ではマイナス1.36％）であった。こうした中で,在宅医療や小児・産科・救急等の充実を図ろうとすれば,数多くのマイナスの点数項目（例：医療必要度の低い療養病床の入院基本料の引下げ,紹介率加算の廃止）を設けることが必要になる。率直にいって,2006年度診療報酬改定は失敗例が少なくないが,その最大の要因は,マイナス改定であったにもかかわらず,"無理をしすぎた"ことである。その教訓は,①マイナスまたは小幅な改定幅の場合は改定項目を厳選すべきこと,②政策意図に反する行動が生じないよう算定要件の吟味を十分行うこと,③想定に反する事態が生じたら速やかに是正すること,の重要性である。

診療報酬と政策ミックス　わが国のこれまでの医療提供体制の改革は診療報酬一本槍であったといっても過言ではない。しかし,診療報酬による政策誘導に限界や問題点があるならば,他の政策手法との組合せ（政策ミックス）が必要になる。実際,社会保障制度改革国民会議報告書（2013年8月6日）の提言を受け,計画的手法である地域医療構想の策定や補助金的手法である医療介護総合確保基金の活用が進められている[17]。

筆者は医療機能の分化と連携を進めることは重要な課題だと考えており,地域医療構想を策定することに賛成である。しかし,その実効性については,①病床機能を無理に特定の類型（高度急性期,急性期,回復期,慢性期の4区分）に当てはめようとすると地域の実情に合わなくなる,②構想区域は原則として二次医療圏が想定されているが,二次医療圏の線引きが実態に合っていない都道府県が多い,③医療政策を担う都道府県の人材育成が立ち遅れている,④計画的手法は健全な競争を阻害する副作用がある,といった問題点がある。したがって,地域医療構想の策定過程を通じ地域医療の将来像について関係者が認識を共有したうえで,診療報酬による政策誘導を通じ適切な経営判断を促す方が現

実的である。

　また，基金制度に関していえば，筆者は，消費税引上げの増収財源の一部を利用して都道府県ごとに「医療・介護・住宅整備ファンド」(仮称)を設け，医療機関の統合・集約化や機能転換に要する経費，小規模多機能施設やケア付き住宅など介護・住宅の投資的経費を対象に助成することを提唱したことがある(島崎 2011：377)。今般の基金制度はこれとは似た面がある。しかし，筆者の主張は，診療報酬による誘導になじみにくいものは補助金的手法を用いるということであって，診療報酬よりも補助金的手法を優先すべきだということではない。

　結論としていえば，診療報酬一本槍の手法は適切ではなく政策ミックスが必要であるが，わが国の医療制度の特性を考えれば，診療報酬は今後とも医療提供に関する改革の最も重要な手法であることに変わりはない。計画的手法や補助金の手法は診療報酬を代替するものではなく補完にとどまる。やや雑駁な比喩になるが，「診療報酬1本足打法」から「1.5本足打法」ないしは「2本足打法」(診療報酬で1本。計画的手法，補助金的手法，医学教育の改革，保険者機能の強化その他で1本)程度が妥当な線だと思われる。

9　2016年度の診療報酬改定

|改定環境と決定過程|　2016年度の診療報酬改定率をめぐる環境として押さえておくべき点が2つある。

　第1は，2015年6月30日に「経済財政運営の基本方針2015」が閣議決定され，2016年度の社会保障関係費の伸びを約6700億円から5000億円程度(国費ベース)に圧縮することが求められたことである。もちろん，これは診療報酬改定により圧縮額(差引1700億円)を捻出すべきだということではないが，2016年度は大きな制度改革事項が見当たらないなかで，診療報酬改定率の「相場観」を引き下げる要因であったことは間違いない。

　第2は，薬価等の引下げを行っても診療報酬本体の改定財源とはみなされなくなったことである。すなわち，これまでは薬価や医療材料価格を引き下げ，

それをいわば「財源」として診療報酬本体の改定に振り替えてきた。しかし，2014年度の診療報酬改定において，これは単なる慣行にすぎないとの整理が行われた。[18]

こうした状況の中で，財政当局や保険者団体は診療報酬本体のマイナス改定を強く求めた。これに対し診療側はプラス改定の必要性を訴えた。両者の主張の隔たりは埋まらず，2015年12月11日に中医協がとりまとめた厚生労働大臣宛の意見書（正式名称は「平成28年度診療報酬改定について」）では，改定率に関しては両論併記となった。こうした経緯を経て，12月21日に厚生労働大臣と財務大臣の大臣折衝が行われ，診療報酬本体はプラス改定とすることで政治決着をみた。

改定率および影響額　図表5-4は，2016年度の診療報酬改定率および影響額を一覧にしたものである。診療報酬本体の改定率は＋0.49％（医科＋0.56％，歯科＋0.61％，調剤＋0.17％：国費ベースの影響額は＋498億円。以下，括弧書きはすべて国費ベース）である。また，薬価改定率は△1.22％（△1247億円），材料価格改定率は△0.11％（△115億円）である。

2016年度改定で注目されるのは，「診療報酬・薬価等に関する制度改革事項」として，診療報酬改定の枠外で，国費ベースで△609億円（改定率に換算すると△0.59％と試算される）の適正化措置が盛り込まれたことである。その内訳は，①医薬品価格の適正化（△502億円），②いわゆる大型門前薬局等に対する評価の適正化（△38億円），③経腸栄養製品に係る給付の適正化（△42億円），④1処方あたりの湿布薬の枚数制限（△25億円），⑤費用対効果が低下した歯科材料の適正化（△2億円）となっている。

このうち①の医薬品価格の適正化には，市場拡大再算定（△200億円），市場拡大再算定の特例（△282億円），新規収載後発医薬品の価格引下げ（△9億円），長期収載品の特例引下げに係る置き換え率の基準見直し（△11億円）が含まれる。なお，市場拡大再算定特例とは，年間販売額が1000億円以上であれば最大25％，1500億円以上であれば最大50％薬価を下げる仕組みである。通常の市場拡大再算定は販売額が当初予測の2倍以上にならないと適用されないが，超高額医療品の場合は2倍に達しなくとも財政影響が甚大であるため，このような

図表5-4　2016年度診療報酬改定率および影響額

	改定率	医療費影響額	国費影響額
本　体	0.49%	2,100億円	498億円
医　科	0.56%	1,800億円	※427億円
歯　科	0.61%	200億円	※47億円
調　剤	0.17%	100億円	※24億円
薬　価	△1.22%	※△5,300億円	△1,247億円
材料価格	△0.11%	※△500億円	△115億円
その他（枠外）	※△0.59%	※△2,600億円	△609億円
全　体	※△1.43%	△6,200億円	△1,495億円

注：1．医療費影響額は平年度ベース，国費影響額は2016年度予算ベース。
　　2．※は各種資料または単純按分により筆者推計（厚生労働省は非公表）。
出所：筆者作成

特例制度が設けられた。

　では，以上の結果，全体改定率（ネット改定率）はどうなったか。厚生労働省は「今回はネットという考え方で改定率を捉えていない。重要なのは本体改定率である」として，2016年度の診療報酬改定の全体改定率を公表していない[19]。しかし，全体改定率も医療費全体への影響をみるうえで重要であり，厚生労働省はやはり公式見解を示すべきであったと思われる。ちなみに，全体改定率の捉え方としては，①本体改定と薬価・材料価格改定を差し引きすると△0.84%，②これまで薬価改定に含まれていた市場拡大再算定分を①に加えると△1.03%，③枠外改定分すべてを①に加えると△1.43%，の3つがあり得る。筆者は枠外改定も広い意味では診療報酬改定であるため③が適当であると考えるが，新聞報道や専門誌では3つの数字が飛び交っている。こうした事態を招くこと自体，国民に対する情報公開のあり方として好ましいことではない。

改定の基本方針　2015年12月7日，社会保障制度審議会医療保険部会・医療部会は「平成28年度診療報酬改定の基本方針」（以下「基本方針」という）をとりまとめた。この基本方針では，改定に当たっての基本認識として，「医療機能の分化・強化，連携や医療・介護の一体的な基盤整備，平成30年度（2018年度）に予定されている診療報酬と介護報酬の同時改定など，

2025年を見据えた中長期の政策の流れの一環としての位置づけを踏まえた改定を進めていく」と述べられている。敷衍すれば，医療・介護提供体制の「2025年モデル」の実現に向けた診療報酬改定の取組は，2012年度改定および2014年度改定により道筋がつけられたが，2016年度改定はそれを進め，2018年度改定につなげるという性格をもつ。ただし，そのことは，2016年度診療報酬改定の内容が乏しいことを意味しない。医療機能の分化・連携および地域包括ケアの推進に向け，前回改定の影響を検証し不具合が生じているものは修正することを含め，入院，外来，在宅の全般にわたってきめ細やかな改定内容が盛り込まれている。

改定内容　基本方針では，2016年度改定の基本的視点として，①地域包括ケアシステムの推進と医療機能の分化・強化，連携に関する視点，②患者にとって安心・安全で納得できる効果的・効率的で質が高い医療を実現する視点，③重点的な対応が求められる医療分野を充実する視点，④効率化・適正化を通じて制度の持続可能性を高める視点，の4つが掲げられている。このうち最も重要なのは①であり，基本方針においても「重点課題」と明記されている。以下，①を中心に改定内容の要点を搔い摘んで述べる。

第1に，7対1入院基本料の算定要件の見直しを行うとともに，10対1入院基本料への転換を促した。具体的には，7対1入院基本料の「重症度，医療・看護必要度」の要件を見直し，手術直後の患者や救急搬送患者等も対象とする一方，重症患者の割合が「15％以上」という要件を「25％以上」に引き上げた。また，入院基本料は病棟単位で届出するのが原則であるが，7対1から10対1入院基本料へ転換する場合は，2年間に限り病棟群単位で届出できることとした。さらに，重症患者を一定割合以上受け入れている場合の10対1入院基本料について，看護必要度加算の充実を行うことにより7対1入院基本料との点数の差を縮小し転換しやすくした。

第2に，地域包括ケア病棟について，比較的軽度な急性期患者の受入れを促進するため，点数は変えずに，手術や麻酔に係る費用を地域包括ケア病棟入院料・入院医療管理料の包括範囲から除外した（出来高算定が可能となる）。

第3に，回復期リハビリテーション病棟についてアウトカム評価を導入した。すなわち，通常は患者1人1日あたり疾患別リハビリテーションを9単位まで出来高算定できるが，リハビリテーションの効果が一定の水準に達しない場合は6単位までに制限した。

　第4に，療養病棟について，療養病棟入院基本料2に医療区分2・3の患者が5割以上いるという要件を追加するともに，酸素療法（医療区分3），頻回の血糖検査等に対する治療（医療区分2）の定義を明確化するなど評価の適正化を図った。

　第5に，地域包括診療料・加算（複数の疾患をもつ患者に対する継続的・全人的な医療の提供を評価するために2014年度改定で新設された点数）について，施設要件の緩和（例：診療所の常勤医師要件を3人以上から2人以上とする）を行った。また，認知症地域包括診療料・加算，小児かかりつけ診療料を新設し，これらの患者の主治医機能の評価を行った。

　第6に，在宅医療の適切な推進を図るため，在宅時医学総合管理料・施設入居時等医学総合管理料について，①月1回の訪問診療による管理料の新設，②重症度が高い患者の評価の創設，③同じ建物（単一建物）の中で診ている患者数に応じた評価の細分化等を行った。また，外来応需体制をもたず在宅医療を専門に実施する診療所の開設を認めた。

10　次期診療報酬改定の展望

2018年度の重要性

　消費税率の10％への引上げが予定どおりであれば，それに伴う診療報酬の手当てを行うための小規模改定が2017年度に行われる可能性があった[20]。しかし，消費税の引上げは2019年10月まで再延期されたため，次期診療報酬改定は2018年度に行われることになる。医療政策上，この年度は大きな節目の年に当たる。その理由は介護報酬改定も同時に行われるからだけではない。2018年度には，次期医療計画や医療費適正化計画の策定，改正国民健康保険法の施行など一連の医療制度改革プログラムが結節する。近年の診療報酬改定の眼目が医療機能の分化・連携および地域包括ケ

アにあることは既述したが，次期診療報酬改定はこれまで以上に医療・介護制度改革と連動する形で検討が進められることになろう。これは筆者の勝手な憶測ではない。「平成28年度診療報酬改定の基本方針」の「3．将来を見据えた課題」においても，「地域医療構想を踏まえた第7次医療計画が開始される平成30年度に向け，実情に応じて必要な医療機能が地域全体としてバランスよく提供されるよう，今後，診療報酬と地域医療介護総合確保基金の役割を踏まえながら，診療報酬においても必要な対応を検討すべきである」と述べられている。

|次期改定の見通し| もっとも，2018年度の診療報酬改定が大掛かりなものになると速断することはできない。これはつぎの2つの理由による。

第1は，改定財源の確保の見通しが立たないことである。大規模な診療報酬改定を行うにはそれに見合う財源が必要になるが，消費税率の10％の引上げは再延期され，その一方で財政健全化目標は堅持することとされている。社会保障費抑制の圧力がこれまで以上に高まることは必至であり，2018年度の診療報酬の改定率やその財源確保をめぐる議論はかまびすしいものとなろう。

第2は，改定の議論の前提となる医療・介護制度改革が流動的であることである。たとえば，地域医療構想は2016年度中に出揃う見込みであるが，既に提出されているものをみる限り，実質的な検討および調整は次期医療計画に先送りしたものが少なくない。また，2016年度の診療報酬改定では7対1病床の削減を政策誘導しているが，それが奏功するかどうかはわからない。さらに，2017年度には介護保険制度改革が行われるが，介護療養病棟（法律上は2018年3月末に廃止）の取扱いなど不透明な要素が多い。

いずれにせよ，2018年度の診療報酬改定に対する期待は大きいが，改定財源の確保，改定内容いずれをとっても，非常に難しいハンドリングが迫られることになると思われる。

11　診療報酬をめぐる法的課題

診療報酬の法的統制　診療報酬の内容や技術的な課題についてはそれぞれの箇所で述べた。最後に、診療報酬をめぐる法的課題について３つ述べる。まず取り上げるのは診療報酬の法的統制である。

健康保険法は診療報酬について「厚生労働大臣が定めるところにより、算定するものとする」と規定し（76条２項）、厚生労働大臣がその定めをする際に中医協への諮問を義務付けるにとどまる（82条１項）。そして、この委任規定を受けて定められたのが「診療報酬の算定方法」（厚生労働大臣告示）であり、その別表である診療報酬点数表において、医療サービスの点数や算定要件が詳細に定められている。要するに、診療報酬に関する法律の規律密度は低く、下位規範である点数表にほぼ全面的に委ねられている。これについては、社会保障法学者の間では診療報酬に対する法的統制が不十分だという批判が強い。[21] 筆者も、診療報酬の算定が白紙委任されているのは適当ではなく、その基本原則は法律に書き込むことが望ましいと考えている。ただし、医療は専門技術性が高いことや個別性が強いことを考えると、仮に法律で規定するにしても、その内容は抽象度の高いものにとどまらざるを得ないと思われる。

むしろ筆者がそれ以上に気になるのは、最近の診療報酬改定において政策誘導の"行き過ぎ"が目につくことである。わかりやすい例として後発医薬品調剤体制加算を挙げれば、後発医薬品の調剤割合（規格単位数量ベース）が75％以上の保険薬局で調剤した場合、処方せん受付１回につき22点が加算される。[22] これは後発医薬品の使用促進を図るために設けられたものであるが、患者からすれば、同じ薬でありながら保険薬局が後発医薬品調剤体制を整えているか否かによって調剤料が異なるのは釈然としないであろう。さらにいえば、後発医薬品調剤体制加算は薬局ベースで算定されるため、その対象となる薬局で先発医薬品が調剤された場合にも加算されることになるが、患者は得心できないと思われる。診療報酬は療養の給付の対価であり、しかも窓口一部負担という形で患者の負担に跳ね返ることに留意すべきである。

| 費用対効果 |
| 評価の適用 |

「骨太方針2015」(正式名称は「経済財政運営の基本指針2015」2015年6月30日)では「医薬品や医療機器等の保険適用に際して費用対効果を考慮することについて，平成28年度診療報酬改定において試行的に導入した上で，速やかに本格的な導入をすることを目指す」とされた。これを受け，2015年12月，中医協の費用対効果評価専門部会は専門組織の設置を含め費用対効果評価の試行的導入の枠組みが決定された。[23]

筆者は費用対効果の議論を進めることに賛成である。医療技術の進歩(新薬の開発を含む)を否定するようなことがあってはならないが，医療に投入できる資源は無尽蔵ではない。医療技術の進歩と国民皆保険の維持はどこかで折合いをつけざるを得ない。ただし，費用対効果分析・評価を実際に保険適用の基準として用いることについては，倫理的にも技術的にもクリアすべき課題が多い。たとえば，効果をQALY (Quality Adjusted Life years質調整生存年)で測定するといっても，「質の調整」をどのように行うのか(例：副作用等による障害残存の重み付け)という問題がある。一方，費用についても，どのような経費をどこまで含めるかによって数値は変わりうる。また，仮に費用対効果が測定できたとしても，保険適用の線引きが一義的に決まるわけではない。少数者(患者)の効用を多数者(国民)の尺度で測り，両者の効用を天秤にかけることが許されるのかという根本論もある。さらに，こうした価値判断に関わる基準を中医協で決めてよいのかという問題もある。筆者は，中医協で専門的な検討を行うことは重要であるが，その結果については論点を明示し国民的議論に付す必要があると考える。それは手続的正当性の確保ということのみならず，医療現場の混乱を防ぐ意味からも必要不可欠である。

なお，費用対効果評価が注目を浴びているのは超高額医薬品が出現したからであるが，超高額医薬品をめぐる問題はすべて費用対効果の議論に包含されるわけではない。たとえば，超高額医薬品の適正使用に関するガイドラインの設定の検討が進められているが，それ以外にも薬価基準収載時の価格設定ルールの見直し(例：原価計算方式における原価の取り方の見直し)，算定薬剤の適応追加時における薬価再算定ルールの見直しなど，費用対効果評価の議論と切り離し速やかに検討すべき課題は少なくない。[24]

都道府県別医療費管理と診療報酬

近年の医療制度改革の大きな特徴は，都道府県に対して医療提供体制の効率化を通じた医療費適正化を強く促していることである。たとえば，「骨太方針2015」では，「地域医療構想と整合的な形で，都道府県ごとに医療費の水準や医療の提供に関する目標を設定する医療費適正化計画を策定する。(中略) これらの取組を通じて，都道府県別の一人当たり医療費の差を半減させることを目指す」と指摘している。そして，それを達成する手法の1つとして，「医療費適正化計画の進捗状況等を踏まえた高齢者医療確保法第14条の診療報酬の特例の活用の在り方の検討」が明記されていることが注目される。

この診療報酬の特例規定は2006年度の医療制度改革の際に創設されたものであるが，今日まで発動されていない。また，立法時にいかなる内容を想定していたのかも定かではないが，最もラディカルなのは都道府県ごとに1点単価を変える方法である。また，そこまで極端でなくとも，都道府県別に医療費管理を行う方向が強まれば，医療費適正化の効果が現れない都道府県について，診療報酬の減算的な特例を設けることは検討の俎上にのぼると思われる。筆者は診療報酬を通じた過度の政策誘導は好ましくないと考えているが，いずれにせよ，この特例規定が発動された場合の医療機関の経営や患者負担への影響は決して小さくない。さらに，方法いかんによっては国民皆保険の形骸化にもつながりかねない。したがって，特例の内容や発動要件 (たとえば，条文中の「医療の公平な提供の観点から合理的であると認められる範囲内」の解釈) について十分詰めておく必要があると思われる。

〔付記〕本章は，下記参考文献中の筆者の著作を基に大幅に加筆したものである。また，国立国際医療研究センター国際医療研究開発費 (「日本から東南アジア，アフリカへの有効なユニバーサル・ヘルス・カバレッジ (UHC) 支援の研究」主任研究者松原智恵子) による研究成果の一部である。

【参考文献】

池上直己 (2014)『医療・介護問題を読み解く』日本経済新聞出版社

遠藤久夫 (2005)「診療報酬制度の理論と実際」遠藤久夫・池上直己『講座医療経済・

政策学2　医療保険・診療報酬制度』勁草書房
加藤智章 (2012)「公的医療保険と診療報酬政策」日本社会保障法学会編『新・講座社会保障法1　これからの医療と年金』法律文化社
島崎謙治 (2011)『日本の医療——制度と政策』東京大学出版会
島崎謙治 (2015a)『医療政策を問いなおす——国民皆保険の将来』筑摩書房
島崎謙治 (2015b)「診療報酬による政策誘導」社会保障法30号
二木立 (2015)『地域包括ケアと地域医療連携』勁草書房
広井良典 (1994)『医療の経済学』日本経済新聞社
松田晋哉 (2013)『医療のなにが問題なのか——超高齢社会日本の医療モデル』勁草書房

【注】

1) ただし，税方式の国でも，効率的な医療サービス提供のインセンティブを付与するために，医療の提供者と購入者の分離 (purchaser-provider split) を図ることがある (島崎 2011：131)。この場合は報酬 (fee) としての性格を帯びることになる。一方，社会保険方式の国でも，診療報酬が予算制と組み合わされる場合には配分としての性格を帯びる。
2) なお，この厚生労働大臣の権限は地方厚生局長に委任されている (保険医療機関及び保険薬局の指定並びに保険医及び保険薬剤師の登録に関する政令7条1項)。
3) 詳しくは，岩村正彦 (2002)「社会保障法入門第40講」自治実務セミナー41巻6号，13頁以下，加藤智章ほか (2015)『社会保障法〔第6版〕』有斐閣，167頁を参照されたい。
4) なお，健康保険法をはじめ公的医療保険各法は診療報酬の定義を規定していない。ちなみに，社会保険診療報酬支払基金法1条には診療報酬という言葉が登場するが，これは健康保険法76条1項にいう「療養の給付に関する費用」(同項にいう「療養の給付に要する費用」から一部負担金を控除した分) を指す。したがって，「療養の給付に関する費用」のことを診療報酬と呼ぶことは間違いではないが，「療養の給付」の対価という意味では，「療養の給付に要する費用」全体を診療報酬として捉える (一部負担金は診療報酬の一部である) と解する方がむしろ自然である。本章では後者の理解 (広義の診療報酬) に立って議論を進める。
5) 健保組合の場合は，統一的方式ではなく，人頭手当式，定額式 (1点単価に診療稼動点数を乗じる方式)，時価式などさまざまな方式がとられた。
6) 吉原健二・和田勝 (2008)『日本医療保険制度史〔増補改訂版〕』東洋経済新報社，244頁。
7) なお，歯科の区分数は約1300 (医科点数表に準ずるものを除く)，調剤は約70ある。
8) なお，DPC/PDPSの法令上の根拠は，「診療報酬の算定方法」(平成20・3・5厚生労働省告示59号) のただし書に基づく「厚生労働大臣が指定する病院の病棟における療養に要する費用の額の算定方法」(平成20・3・19厚生労働省告示93号) である。

9) なお，この換算指数は2007年度までは医療機関種別にかかわらず同一であったが，2008年度以降は医療機関種別に設定されている。ちなみに，2016年度の1点単価(単位：ウォン)は，病院(71.0)，医院(76.6)，歯科(79.0)，漢方(77.7)，保健機関(74.9)，助産院(117.1)，薬局(74.4)である。なお，韓国の相対価値点数は5年に1度見直される(最近では2011年)が，一挙に相対価値点数の引上げ・引下げが行われるのではなく，5年の間に等分されて改定される。
10) 新医療費体系導入時に1点単価固定制が採用された理由について，大村潤四郎(新医療費体系創設時の厚生技官)は，「点数単価式というのは非常に複雑だという考えが，ことに時の保険局長の高田正巳さんなんか，『単価は10円，いいな，簡単で…』。そういう調子で，(中略)，単価を10円にして固定しよう，そういうような空気でした。それまでの考え方では点数は医療行為間のバランスを，単価は物価や賃金を反映した経済価値を表したんだけれども，それを簡単に料金表にしてしまった。」と述べている。小山路男(1985)『戦後医療保障の証言』総合労働研究所，175頁。
11) ちなみに，④に関しては，医療経済研究機構が2003年度以来，医療機関の診療科部門別収支の計算・分析手法等の調査研究を進めてきた実績がある。また，⑤に関しては，2010年度診療報酬改定以降，「外保連試案」が手術料の算定にあたって斟酌されていることが注目される。「外保連試案」とは，外科系学会社会保険委員会連合による手術報酬に関する試案であり，技術度(手術の難易度)，協力者数(必要な医師，看護師その他の技師の数)，所要時間の3要素から手術項目を評価し手術報酬を算出したものである。
12) 「原則として」と書いたのは，現行の診療報酬上も若干の例外(地域加算・離島加算等)があることによる。
13) なお，先進医療会議は社会保険医療協議会令および中央社会保険医療協議会議事規則に基づき設置される組織ではないが，先進医療会議の評価結果は中医協の総会に報告されるため，中医協の所掌に関係する外部組織とみることができる。
14) 先進医療会議の設置目的・所掌等については，先進医療会議資料「『先進医療会議』開催要綱」(先-5，2016年3月10日)を参照。
15) 中医協総会資料「先進医療の申請から保険適用までの流れについて」(中医協 総2-1(改)，2012年7月18日)を参照。
16) 中医協総会資料「患者申出療養の制度設計について」(中医協 総4(改)，2015年9月30日)を参照。
17) 地域医療構想および基金制度の概要や問題点等については詳述する紙幅がない。筆者の見解について詳しくは島崎(2015a)および島崎(2015b)を参照。また，併せて池上(2014)および二木(2015)も参照されたい。
18) これまでの経緯および財務省の主張については，財政制度等審議会「平成26年度予算編成等に関する建議」(2013年11月29日)62-64頁を参照されたい。
19) 引用は，宮嵜雅則(2016年度診療報酬改定時の保険局医療課長)の発言(週刊社会保障

2875号(2016)24頁)の要約である。
20) 診療報酬の消費税率の非課税措置の取扱いを含め,消費税と社会保障をめぐる問題に関する筆者の見解については,島崎謙治(2012)「税制改革と社会保障」日本社会保障法学会編『新・講座社会保障法3　ナショナルミニマムの再構築』法律文化社,105-122頁を参照。
21) 学説の紹介およびドイツとの比較を参考に考察した好文献として,田中伸至(2015)「診療報酬制度の構造と診療報酬決定過程——日本とドイツを例に(増補)」法政理論,48巻2・3号,87-101頁を参照。
22) なお,65%以上の場合は18点が加算される。
23) 中医協「費用対効果評価の試行的導入について」(中医協 総-2,2015年12月16日)参照。
24) 中医協「高額な薬剤への対応について(案)」(中医協 総-7-1,2016年7月27日)参照。

索　引

あ　行

RBRVS ······································· 96, 118
新たな診断治療方法(NUB) ····· 40, 41, 49, 53, 59
医学的検体検査行為一覧表(NABM) ·········· 23
一部負担金 ··· 15
1点単価固定制 ······································ 118
一般医 ·· 8, 20
イノベーション(医療の技術革新)とエビ
　デンスに基づく医療 ····················· 50, 54, 59
医療介護総合確保基金 ···························· 128
医療行為カタログ ····································· 24
医療行為共通分類(CCAM)
　··· 17, 22, 23, 25, 26, 30
医療施設カード ······································· 10
医療施設活動情報計画(PMSI) ·················· 13
医療職カード ··· 10
医療制度改革法(ACA) ···························· 87
医療制度質と経済性研究所(IQWiG)
　··· 40, 49, 53
医療費マクロ管理 ······················· 41, 46, 51
AQP (Any Qualified Provider) ················ 72
HPST法 ··· 11, 31
NICE (National Institute for Health and
　Care Excellence) ···························· 79, 82
NHS payment system ···························· 78
NHS Provider Licence ··························· 72
NHSイングランド ·································· 68
NHS登録 ··· 62
NHSトラスト ·· 71
NUB協定 ································· 50, 56, 60
MACRA ·· 98

か　行

かかりつけ医 ······································· 8, 9
価値(value) ··· 101
家庭医 ··· 35
換算係数(conversion factor) ··················· 97
基金トラスト(NHS Foundation Trust)
　(FT) ··· 72
基本診療料 ···································· 114, 115
給付率(償還率) ····································· 15
狭義の診療報酬 ································ 61, 80
共同自治 ································ 38, 42, 53, 54
共同連邦委員会(G-BA) ·············· 40, 49, 53, 57
許可病院 ·· 36
クリニカル・コミッショニング・グループ
　(CCG) ·· 70
ケア・クオリティー・コミッション(CQC)
　··· 72
契約医 ··· 34, 35
ゲートキーパー ···································· 107
原　価 ··· 119
現物給付 ······································ 108, 125
公益・契約事業促進交付金(MIGAC)
　·· 21-23, 29
広義の診療報酬 ································ 61, 73
高等保健機構(HAS) ·························· 18, 27
後発医薬品(ジェネリック) ························ 16
コミッショニング ···································· 75
混合診療 ·· 56

さ　行

CMS ··· 89
GP ··· 71

GMS契約 ……………………………………… 77	地域圏介入基金 ………………………………… 13
施設滞在型診断群分類 (GMS) ……………… 22	地域圏保健医療計画 …………………………… 13
持続可能成長率 (SGR) ……………………… 95	地域圏保健庁 ……………………………… 12, 23, 30
社会保険方式 ……………………… 104, 105, 107, 138	──全国運営委員会 ……………………… 13, 29
州基本単価 ………………… 46, 48, 51-53, 58, 59	中央医師評議会 (General Medical Council)
集団利益型私的医療施設 …………………… 11, 12	(GMC) ………………………………………… 67
収入調整 ……………………………… 44, 51, 52, 60	中央社会保険医療協議会 (中医協)
償還払い方式 …………………………………… 15, 29	……………………………… 3, 54, 111, 121, 122
新医療費体系 ……………………………… 111-113, 139	直接提供方式 ………………………………… 107
審査支払機関 ………………………………… 109	賃金指数 ……………………………………… 91
診断群分類 (DRG) …… 44, 46, 47, 49-51, 53-55, 90	DRG-PPS (DRG/PPS) ………………… 90, 117
診断群分類 (GHM) ………………………… 22	DPC/PDPS ………………… 46, 55, 116-118, 138
人頭払い方式 ………………………………… 87	出来高払い ……………………………… 116, 125
診療科 ……………………………………… 34, 36	点数単価 ……………………………………… 37, 38
診療行為一覧表 (NGAP) …………………… 23	統一評価基準 (EBM) ……………………… 37-39
診療報酬 ……………………………………… 3, 61, 62	ドクターフィー ……………………………… 120
──点数表 ………………………………… 110	特掲診療料 ……………………………… 114, 115
──の機能 …………………………………… 4	都道府県別医療費管理 ……………………… 137
──の算定方法 …………………………… 110	
──の設定方法 …………………………… 4	な　行
税方式 …………………………… 104, 107, 138	
セカンダリ・ケア・サービス ……………… 71	7対1入院基本料 ……………………… 126, 132
責任包括料金 ………………………………… 16	二元資金調達方式 …………………… 43, 50, 51, 58
セクター1 ……………………………… 8, 9, 19	
セクター2 ……………………………… 8, 9, 20	は　行
全国医療保険金庫連合 (UNCAM) …… 18, 26, 29	
全国医療保険支出目標 (ONDAM)	パートA ……………………………………… 88
…………………………… 12, 21, 23, 29, 30	パートB ……………………………………… 89
先進医療 ……………………………… 122, 123, 139	パフォーマンス ……………………………… 99
全体報酬 ……………………………………… 39	ビタルカード ………………………………… 10
専門医 ………………………………………… 8, 20	1入院あたり包括評価方式 (T2A) …… 21, 23, 28
相対評価指標 (RVUs) ………………………… 96	病院計画・投資プログラム ……………… 34, 36, 43
卒後研修 ……………………………………… 34, 35	病院資金調達法 (KHG) ……………… 34, 35, 43, 51
	病院診療報酬研究所 (InEK) ………… 47, 50, 53
た　行	病院診療報酬法 (KHEntgG) ……………… 43
	評価委員会 …………………………………… 38
団体請負 ……………………………………… 37	評価係数 …………………………………… 46-48
地域医療構想 ………………………… 128, 134, 139	評価療養 ……………………………………… 55, 56
	費用対効果 …………………………………… 136

普遍的医療給付 ……………………………… 13
プライマリ・ケア・サービス ……………………… 70
フリーアクセス ……………………………… 106, 125
包括払い方式 ……………………………………… 87
報酬分配 ……………………………………… 39, 41
保険料安定化原則 …………… 39, 41, 44, 48, 51-53
ホスピタルフィー …………………………………… 120

　ま　行

マンデイト（Mandate）…………………………… 70
メディケア ………………………………………… 88
メディケアの診療報酬 …………………………… 100
MedPAC ……………………………………………… 94

免許（licence to practise）……………………… 67
目標と手段に関する複数年契約 ……… 12, 23, 30
モニター ……………………………………………… 73

　や　行

薬　価 ……………………………… 115, 129, 130, 136
予　算 ………………………………… 44, 51, 52, 55, 58

　ら　行

料金超過権（Dépassement）……………………… 20
療養担当規則 …………………………………… 109
療養の給付（方式）……… 15, 29, 31, 108, 109, 138
例外的症例（outlier）……………………………… 92

執筆者紹介（執筆順，＊は編者）

＊加藤 智章	かとう ともゆき	北海道大学大学院法学研究科教授	はしがき，第1章
西田 和弘	にしだ かずひろ	岡山大学大学院法務研究科教授	序　章
田中 伸至	たなか しんじ	新潟大学人文社会・教育科学系法学部教授	第2章
国京 則幸	くにきょう のりゆき	静岡大学人文社会科学部教授	第3章
石田 道彦	いしだ みちひこ	金沢大学人間社会学域教授	第4章
島崎 謙治	しまざき けんじ	政策研究大学院大学教授	第5章

Horitsu Bunka Sha

世界の診療報酬

2016年12月1日　初版第1刷発行

編　者　　加藤智章
発行者　　田靡純子
発行所　　株式会社　法律文化社

〒603-8053
京都市北区上賀茂岩ヶ垣内町71
電話 075(791)7131　FAX 075(721)8400
http://www.hou-bun.com/

＊乱丁など不良本がありましたら，ご連絡ください。
　お取り替えいたします。

印刷：西濃印刷㈱／製本：㈱藤沢製本
装幀：白沢　正
ISBN 978-4-589-03806-7
Ⓒ2016 Tomoyuki Kato Printed in Japan

JCOPY 〈(社)出版者著作権管理機構　委託出版物〉

本書の無断複写は著作権法上での例外を除き禁じられています。複写される
場合は，そのつど事前に，(社)出版者著作権管理機構（電話 03-3513-6969,
FAX 03-3513-6979, e-mail: info@jcopy.or.jp）の許諾を得てください。

加藤智章・西田和弘編
世界の医療保障
A5判・264頁・3000円

世界には多様な医療保障制度がある。日本を含めた13カ国とEUを対象に、医療保障の実態をふまえ、制度と機能を概観する。8つの共通の分析基軸を設けて比較分析し、日本の医療制度改革への示唆を得る。

増田雅暢編著
世界の介護保障〔第2版〕
A5判・232頁・2600円

世界10カ国の介護保障システムについて高齢化や家族形態、さらには社会保障制度の発展などをふまえ比較的視点から解説。旧版刊行(2008年)以降、改変が続く制度の概要を詳解し、今後の課題と方向性を探る。

椋野美智子・藪長千乃編著
世界の保育保障
—幼保一体改革への示唆—
A5判・254頁・2500円

ポスト工業社会の中、子ども・子育て支援政策の充実への要請は世界的な趨勢となっていることをふまえ、フランス、デンマークをはじめ主要5カ国の保育・幼児教育にかかわる政策を考察。改革途上にある日本へ示唆を提供する。

増田雅暢・金 貞任編著
アジアの社会保障
A5判・172頁・3000円

中国、韓国、台湾、タイ、日本の5か国における社会保障制度を比較、概観する。各国の歴史・人口の変遷・政治経済状況をふまえ、主には社会福祉・医療・年金について詳解し、課題と展望を探る。

道幸哲也・加藤智章編〔〈18歳から〉シリーズ〕
18歳から考えるワークルール
B5判・122頁・2200円

働くにあたってのルールについての実践的入門書。仕事を探し、働き、やめるまでのさまざまな局面におけるワークルールの基礎知識と、問題解決への法的・論理的思考を修得する作法を提供する。

河野正輝・中島 誠・西田和弘編
社会保障論〔第3版〕
四六判・368頁・2600円

社会保障制度のしくみをわかりやすく概説した入門書。より深く学べるように制度の背景にある考え方や理念がどのように反映されているのかについても言及。旧版刊行(2011年)以降の法改正や関連動向をふまえ全面改訂。

——法律文化社——

表示価格は本体(税別)価格です